Tomáš Halík

Berühre die Wunden

Der Autor

Tomáš Halík, zuvor als Psychotherapeut tätig, wurde 1978 heimlich zum Priester geweiht und war naher Mitarbeiter von Kardinal Tomášek und Václav Havel. Er ist Professor für Soziologie sowie Pfarrer der Akademischen Gemeinde Prag und einer der bekanntesten Intellektuellen Tschechiens. Benedikt XVI. verlieh ihm den Ehrentitel »Päpstlicher Prälat«. Halík erhielt zahlreiche Auszeichnungen: So wurde ihm 2010 der Romano-Guardini-Preis und 2014 der hochdotierte Templeton-Preis verliehen. Zuletzt (2017) honorierte der Päpstliche Kulturrat sein außergewöhnliches Glaubenszeugnis und seine Haltung gegen Rassendiskriminierung mit der Ehrenmedaille »Per Artem ad Deum«. Seine Bücher werden in zahlreiche Sprachen übersetzt.

Tomáš Halík

# Berühre die Wunden

Über Leid, Vertrauen und
die Kunst der Verwandlung

Aus dem Tschechischen von Markéta Barth
unter Mitarbeit von Benedikt Barth

HERDER

FREIBURG · BASEL · WIEN

Titel der Originalausgabe:
Dotkni se ran. Spiritualita nelhostejnosti
ISBN 978-80-7106-979-9
Nakladatelství Lidové noviny Praha 2008

Neuausgabe 2017

Für die deutschsprachige Ausgabe:
© Verlag Herder GmbH, Freiburg im Breisgau 2013
Alle Rechte vorbehalten
www.herder.de

*Alle Bibelzitate sind entnommen aus:*
*Die Bibel. Die Heilige Schrift*
*des Alten und Neuen Bundes.*
*Vollständige deutsche Ausgabe.* DIE BIBEL
*© Verlag Herder, Freiburg im Breisgau 2005*

Umschlaggestaltung: Christian Langohr, Freiburg
Umschlagmotiv: Martin Staněk, Prag

Satz: Barbara Herrmann, Freiburg
Herstellung: GGP Media GmbH, Pößneck

Printed in Germany

ISBN Print 978-3-451-03146-5
ISBN E-Book 978-3-451-81450-1

*Geschrieben in der Einsiedelei eines kontemplativen Klosters
im Rheinland im Juli und August 2008, beendet auf Reisen
nach Jerusalem und Auschwitz im September desselben Jahres.*

*Gewidmet
dem Andenken an Mgr. Václav Dvořák († 30.7.2008), der
Handschellen trug und Wunden für Christus ertrug, der vor
30 Jahren Zeuge der Priesterweihe und Konzelebrant bei der
Primiz des Autors dieses Buches war und der in der Nacht
starb, als dieses Buch zu schreiben begonnen wurde.*

»Zum Glauben nützt uns der Unglaube des Thomas mehr als der Glaube der glaubenden Jünger.«

Hl. Gregor der Große

»Durch seine Wunden sind wir geheilt.«

Jesaja 53,5

»Zwei Gefangene in benachbarten Zellen, die durch Klopfzeichen gegen die Mauer miteinander verkehren. Die Mauer ist das Trennende zwischen ihnen, aber sie ist auch das, was ihnen erlaubt, miteinander zu verkehren. Das Gleiche gilt für uns und Gott. Jede Trennung ist eine Verbindung.«

Simone Weil

# Inhalt

1. Das Tor der Verwundeten ........................ 9

2. Ohne Distanz .................................. 24

3. Geheimnis des Herzens ......................... 46

4. Der Vorhang reißt entzwei ..................... 57

5. Der tanzende Gott ............................. 90

6. Die Anbetung des Lammes ....................... 103

7. Stigmata und Vergebung ........................ 118

8. Klopfzeichen gegen die Wand ................... 126

9. Körper ........................................ 141

10. Schöne Braut, armselige Kirche ............... 156

11. Der Ort der Wahrheit ist ein kleiner ......... 179

12. Veronika und das Siegel des Antlitzes ........ 193

13. Verwandelte Wunden ........................... 209

14. Die letzte Seligpreisung ..................... 231

# 1. Das Tor der Verwundeten

*Thomas aber, einer von den Zwölf, Zwilling genannt, war nicht bei ihnen, als Jesus kam. Die anderen Jünger sagten zu ihm: Wir haben den Herrn gesehen. Er entgegnete ihnen: Wenn ich nicht an seinen Händen das Mal der Nägel sehe und meinen Finger in das Mal der Nägel lege und meine Hand in seine Seite lege, glaube ich nicht.*
*Nach acht Tagen waren seine Jünger wieder versammelt und Thomas war bei ihnen. Da kam Jesus bei verschlossenen Türen, trat in ihre Mitte und sagte: Friede sei mit euch! Dann sagte er zu Thomas: Reiche deinen Finger her und sieh meine Hände an und reiche deine Hand her und lege sie in meine Seite, und sei nicht ungläubig, sondern gläubig! Thomas antwortete ihm: Mein Herr und mein Gott! Jesus sagte zu ihm: Weil du mich gesehen hast, glaubst du. Selig, die nicht sehen und doch glauben.*

(Johannes 20, 24–29)

Ich las dieses Evangelium zu Ende und ging vom Ambo wieder zurück, um mich auf meinen Platz zu setzen. Es war früh am Morgen und in der Kathedrale von Madras war es halbdunkel, still und fast leer. Indien lag vor mir wie ein bunter Blumenteppich, der mit vielen heiligen Orten durchwebt ist – ich befand mich auf dem Weg nach Bodhgaya, dem Schauplatz der Erleuchtung Buddhas, nach Sarnat, wo der Erleuchtete seine erste Ansprache zu seinen Schülern hielt, nach Varanasi am Ufer des Ganges, dem heiligsten Wallfahrtsziel der Hindus, nach Mathura, dem Geburtsort Krishnas –, hier jedoch in Madras, im Herzen des hiesigen Christentums, wo seit jeher das Grab des Apostels Thomas, des Patrons Indiens, verehrt wird, fühlte ich mich für einen Moment wirklich wie zu Hause – auch dank des vertrauten Textes.

Den vorgetragenen Abschnitt aus dem Evangelium des heiligen Johannes habe ich in diesem Moment noch so wahrgenommen, wie ich ihn zuvor jedes Mal wahrgenommen hatte und wie er gewöhnlich ausgelegt wird: Jesus hat durch seine Erscheinung den skeptischen Apostel von allen Zweifeln an der Realität seiner Auferstehung befreit; aus »dem ungläubigen Thomas« wurde mit einem Male der gläubige. Ich habe in diesem Moment noch nicht geahnt, dass der Text sich mir aufgrund eines Ereignisses nochmals öffnen und mich noch ganz anders und tiefer ansprechen würde – und dass er mir, bis sich der Tag neigte, sogar das größte Geheimnis des christlichen Glaubens in einem neuen Licht zeigen würde: die Auferstehung Jesu und seine Göttlichkeit. Und mehr noch: Diese neue Sichtweise führte mich allmählich auf einen bestimmten Weg der Spiritualität, von dem ich bis dahin nichts gewusst hatte. Sie zeigte mir »das Tor für den ungläubigen Thomas« – *das Tor der Verwundeten.*

Der christliche Glaube besteht darin, das Evangelium und unser Leben ständig in Beziehung zu setzen; er besteht in dem Mut, »sich in diese Geschichte hineinzubegeben«. Es gilt, den Sinn der biblischen Erzählungen aufgrund der eigenen Lebenserfahrungen immer neu und tiefer entdecken zu suchen und die mächtigen Bilder des Evangeliums wirken zu lassen, damit sie allmählich den Fluss unseres eigenen Lebens beleuchten, auslegen und verwandeln.

Viele Ereignisse, Erlebnisse, Ideen und Einsichten des Augenblicks brauchen ihre Zeit, um in uns zu reifen und

Frucht zu bringen. Zwölf Jahre waren seit meiner Wallfahrt nach Indien vergangen. Ich sitze in diesem Moment wieder in der Stille und Einsamkeit der Waldeinsiedelei im Rheinland; nach einem nächtlichen Sturm ist der ganze Berggipfel mit einem dichten Nebelschleier bedeckt, durch den sich nur langsam und mit Mühe die ersten Morgenstrahlen durchkämpfen; tiefhängende Wolken bedecken das Tal ringsherum. Mitten in der Wolke also beginne ich dieses Buch zu schreiben, einen weiteren Versuch, »Rechenschaft über meine Hoffnung abzulegen«[1].

* * *

»Gott ist tot – wir haben ihn getötet, ihr und ich!« Wie oft habe ich schon dieses Schicksalsverdikt Nietzsches aus der »Fröhlichen Wissenschaft« zitiert, in dem »der Narr« (dem es als Einzigen erlaubt ist, unangenehme Wahrheiten auszusprechen) *denen, die an Gott nicht glaubten,* seine Diagnose der Welt verkündet; er gibt der Welt bekannt, dass sie die Basis ihrer bisherigen metaphysischen und moralischen Sicherheiten verloren hat.[2] In einem anderen Buch Nietzsches kann man jedoch auch eine weniger bekannte und weniger zitierte Passage finden, die Schilderung *des Todes der alten Götter:* Als sich der Gott der Juden zum einzigen Gott erklärte, brachen angeblich alle Götter über diese anmaßende Torheit in ein so höhnisches Gelächter aus, dass sie sich zu Tode lachten.[3]

»Die Religion kehrt zurück« – hören wir heute oft aus allen Ecken unserer Welt. Die Meinungen unterscheiden sich nur darin, ob dies gut oder schlecht ist – und vielleicht auch darin, woher und wer oder was eigentlich zurückkehrt. Kehrt der einzige Gott zurück, »der Gott Abrahams, Isaaks, Jakobs und Jesu«, an den Juden, Christen und Muslime glauben, oder eher der »Gott der Philosophen«, das höchste Wesen – die Entdeckung der Aufklärer, der Schmuck der politischen Proklamationen und Präambeln der Verfassungen? Kommt ein Gott zurück, der auf die ausgetrockneten menschlichen Herzen still antworten kann und ihre Wunden heilt, oder ein Gott des Krieges und der Rache, der im Gegensatz dazu Wunden schlägt? Oder sollen wir uns auf die neue Ankunft der alten, kichernden, sarkastischen Götzen freuen?

Über den heiligen Martin wird erzählt, dass ihm der Satan einmal sogar in der Gestalt Christi erschienen ist. Der Heilige ließ sich jedoch nicht täuschen. »Wo hast du deine Wunden?«, fragte er.

Bei aller geistigen Offenheit bekenne ich mich nicht zur gefälligen »grenzenlosen Toleranz«, die eher ein Ausdruck von Gleichgültigkeit und geistiger Faulheit ist, wenn sie auf die Mühe einer sorgfältigen »Scheidung der Geister« verzichtet. Denn ist es nicht naiv und gefährlich, nicht wahrzunehmen, dass auch destruktive »Gottesbilder« existieren und dass auch in den ehrwürdigsten Traditionen Symbole, Aussagen und Geschichten schlummern, die leicht in Waffen anstatt in Pflugscharen umgeschmiedet werden können? Die Religionen haben wie alles, was im Leben groß und existenziell ist, ihre Risiken und Gefahren. Mit dem Apostel Thomas und dem heiligen Martin fordere ich deshalb von allen, die sich nach dem »Tod Gottes« oder nach dem Kollaps der ironischen Götzen um den verwaisten Thron bewerben: »Zeigt zuerst eure Wunden!« Ich glaube nämlich nicht mehr an »unverwundete Religionen«.

\* \* \*

Ja, seit Jahren bemühe ich mich darum, die unterschiedlichsten religiösen Wege mit Wertschätzung und Offenheit zu studieren. Ich durchschritt ein Stück der Welt, und das, was ich sehen und kennenlernen konnte, erlaubt mir nicht, in der einfachen Logik des »Entweder-Oder« zu verharren (wenn zwei Menschen verschiedener Meinung sind, muss sich zumindest einer täuschen). Mir ist bewusst, dass wenn jemand etwas anderes als ich sagt und denkt, dies schlicht daran liegen kann, dass er von einem anderen Standpunkt, einer anderen Perspektive, einer anderen Tradition oder einer anderen Erfahrung her schaut; dass er sich in einer anderen »Sprache« ausdrückt – dass also die Verschiedenheit unserer Sichtweisen und Aussagen weder meinen noch seinen Anspruch auf die Wahrheit widerlegen muss; genauso wenig wie diese Verschiedenheit seine oder meine Ehrlichkeit und Aufrichtigkeit in Frage stellen muss. Gleichzeitig ist mir bewusst, dass diese Erkenntnis nicht zu einem bequemen, resignierenden Relativismus führen muss (»jeder hat seine Wahrheit«), sondern eher zu dem Bemühen, durch das gegenseitige Gespräch und den Austausch von Erfahrungen die eigenen, stets notwendig begrenzten Horizonte zu erweitern und im Gespräch mit dem anderen auch sich selbst kennenzulernen.

Ich habe gelernt, viele verschiedene Pfade zu respektieren, auf denen Menschen zum letzten Geheimnis des Lebens vorzudringen versuchen. Ich glaube, dass jenes »äußerste Geheimnis« alle Vorstellungen und Namen unendlich übersteigt, die wir Menschen damit verbinden. Ja, ich glaube an den einen Gott, den Vater *aller* Menschen, auf den weder ein einzelner Mensch noch eine der »religiösen Institutionen« oder ihre Repräsentanten ein »Monopol« hat; *ich bin zuversichtlich*, dass Er die endgültige Mündung auch der verschlungensten Flüsse ist, dass zu ihm schließlich (über alle Grenzen der verschiedenen religiösen Systeme und Kulturen hinweg) die Wege aller ausgerichtet sind, die geführt vom Licht ihrer Traditionen, ihrer Sehnsucht nach der Wahrheit, ihres Gewissens und ihrer Erkenntnis aufrichtig das letzte Geheimnis des Lebens suchen und es achten.

Ich bin weder der Allwissende noch der Allsehende – mir steht es deshalb nicht zu, definitive und unfehlbare Urteile über andere und ihren persönlichen Glauben zu fällen, weil ich nicht in ihre Herzen sehen kann und auch nicht ihr letztes Ende und das Ziel ihrer Pilgerschaft erblicke. Niemand kann mir aber *die Hoffnung* nehmen, dass »der Gott der anderen« letztendlich »mein Gott« ist; denn der Gott, an den ich glaube, ist auch der Gott derer, die nicht den Namen kennen, mit dem ich ihn rufe.

Im selben Atemzug füge ich jedoch hinzu und bekenne: *Für mich* gibt es keinen anderen Weg, kein anderes Tor zu Ihm, als dasjenige, das von einer verwundeten Hand und einem durchstochenen Herz geöffnet wird. Ich kann nicht »*mein* Herr und *mein* Gott« rufen, wenn ich nicht die Wunde sehe, die bis ins Herz trifft. Wenn »credere« (glauben) von »cor dare« (das Herz geben) abgeleitet ist, dann muss ich bekennen, dass mein Herz und mein Glaube *nur dem Gott* gehören, *der seine Wunden zeigen kann.*

Mein Glaube und meine Liebe sind eins und niemand kann mir die Liebe zum Gekreuzigten nehmen, die die Antwort auf seine Liebe zu mir ist: *Was könnte mich von der Liebe Christi scheiden?*[4] Von der Liebe, die sich durch ihre Wunden legitimiert.[5] Ich bin nicht in der Lage, die Worte »mein Gott« auszusprechen, wenn ich nicht Seine Wunden sehe! Selbst angesichts der strahlendsten religiösen Vision hätte ich wahrscheinlich – trotz aller Offenheit – meine *Zweifel*, ob es sich nicht um eine Illusion handelt, um die Projektion meiner Wünsche oder sogar um den Antichrist selbst – wenn sie nicht »die Narben der Nägel« tragen würde. Mein Gott ist der verwundete Gott.

Wenn jemand das, wozu ich mich gerade bekannt habe, als widersprüchlich empfindet, dann gestehe ich, dass ich dieses auch empfinde: Das ist die eigentliche Spannung meines Glaubens. Voll *Hoffnung* und *Vertrauen* wende ich mich Gott zu, der großzügig die Verschiedenheit seiner Kinder annimmt und dessen Schoß in einer Weite geöffnet ist, die für uns unbegreiflich ist. Das bedeutet jedoch gleichzeitig, dass ich mir auch nicht »sicher« sein kann, wo die Grenzen dieser Weite liegen, und ich nicht naiv voraussetzen kann, dass sie einfach »alles« umfasst. Ich muss die Achtung vor dem anderen oder zumindest vor der Ehrlichkeit und Aufrichtigkeit seines Glaubens*aktes* bewahren; sollte ich jedoch an etwas »mein Herz hängen«, muss ich *nach der Frucht fragen.*[6] In der Religion, genauso wie in den anderen bedeutenden Bereichen des Lebens, gibt es sowohl wesentliche und unersetzlich kostbare

Werte als auch andere, die sich nur dafür ausgeben – es könnten auch Unkraut und giftige Kräuter sein. Und es ist nicht so, wie viele dachten und heute noch denken, dass es Felder gibt (nämlich unsere), auf denen nur eine gute Ernte heranwächst, und andere, von denen wir von vornherein sagen können, dass auf ihnen nichts Gutes wachsen wird. In der Bibel finden wir sowohl die Aufforderung, gründlich zu prüfen, »wessen Geist« es ist, der uns dargeboten wird[7], als auch die Warnung, dass diese Unterscheidung zwischen »der Spreu und dem Weizen« außerordentlich schwierig ist und letztendlich diese Aufgabe für uns Sterbliche im Letzten unlösbar ist und unser Urteilsvermögen übersteigt.[8]

Was kann ich also tun? *Meinen* Glauben und das, was mir zum Glauben vorgelegt wird, »dem Test des heiligen Martins« aussetzen. Ich glaube nicht an Götter und ich glaube nicht an Religionen, die diese Welt durchtanzen, ohne von ihren Wunden getroffen zu werden – ohne Schrammen, ohne Narben, ohne Verbrennungen –, damit sie auf dem Markt der Religionen von heute nur ihre glänzende Anmut gefällig zur Schau stellen.

Mein Glauben kann die Last der Zweifel nur dann ablegen und die innere Sicherheit und die Ruhe eines Zuhause nur dann erfahren, wenn er auf dem steilen »Weg des Kreuzes« voranschreitet, wenn er sich durch das schmale *Tor der Wunden Christi* zu Gott hin ausrichtet; wenn er durch das Tor der Armen, das Tor der Verwundeten schreitet, durch welches die Reichen, die Satten und die Selbstsicheren, die Wissenden und »die Sehenden«, »die Gesunden«, »die Gerechten«, »die Weisen und die

Vorsichtigen« nicht gelangen können, so wie kein Kamel durch ein Nadelöhr geht.[9]

* * *

Wurde der Apostel Thomas beim Anblick des Auferstandenen wirklich ein für alle Mal von allen seinen Zweifeln befreit – oder zeigte ihm Jesus *durch seine Wunden* vielmehr jene einzige Stelle, an der der Suchende und der Zweifelnde wirklich *Gott berühren* kann? Dies war der Gedanke, den mir jener Tag in Madras gebracht hatte.

An dem heißen Nachmittag jenes Tages führte mich mein indischer Kollege, katholischer Priester und Professor für die Religionswissenschaft an der Universität in Madras, an den Ort, wo der Legende nach der Apostel Thomas zu Tode gefoltert wurde, und dann in ein katholisches Waisenhaus, das sich nur wenige Schritte entfernt befand.[10]

Auf meinen Reisen in Asien, Afrika und Südamerika zuvor und danach blickte ich dem Elend aus nächster Nähe ins Gesicht. Ich kenne aus meiner Klinik- und Beichtpraxis die moralische Armseligkeit, die versteckte Qual der Herzen und die dunklen Ecken menschlicher Schicksale. Ich besuchte »die Golgotahügel unserer Zeit«, die Konzentrationslager des Nationalsozialismus und des Kommunismus, Hiroshima und Ground Zero in Manhattan, Orte, an denen in der Vorstellung noch immer die Erinnerung an die verbrecherische Gewalt lebendig wird, die dort verübt wurde – aber das Waisenhaus in Madras vergesse ich dennoch nie.

In Bettchen, die eher an Geflügelkäfige erinnerten, lagen kleine verlassene Kinder mit Bäuchen, die vor Hunger aufgebläht waren, kleine Skelette, umhüllt nur von einer schwarzen, oft entzündeten Haut; in den Fluren, die endlos erschienen, schauten mich überall ihre fiebrigen Augen an und streckten mir ihre rosafarbenen Handflächen entgegen. Die Luft nahm mir den Atem, inmitten des Gestanks und des Weinens ging es mir psychisch, physisch und moralisch schlecht; ich erstickte durch ein Gefühl von Ohnmacht und ein brennendes Schamgefühl, das man manchmal im Angesicht der Leidenden nur deshalb empfindet, weil man selbst eine gesunde Haut, einen vollen Bauch, ein sauberes Bett und ein Dach über dem Kopf hat. Ich wollte von dort (und nicht nur von dort) so schnell wie möglich feige fliehen, Augen und Herz verschließen und vergessen; ich erinnerte mich wieder an die Worte von Ivan Karamasow, der Gott »die Eintrittskarte« für die Welt »zurückgeben« wollte, in der Kinder leiden.

Aber gerade in dem Moment tauchte in mir aus der Tiefe der Satz auf: »Berühre die Wunden!« Und wieder: »*Reiche deinen Finger her und sieh meine Hände an und reiche deine Hand her und lege sie in meine Seite.*«

Auf einmal erschloss sich mir die Geschichte des Apostels Thomas neu, die ich bei der Morgenmesse am Grab »des Patrons der Zweifelnden« aus dem Johannes-Evangelium gelesen hatte. Jesus identifizierte sich mit allen Kleinen und Leidenden – also *sind alle schmerzenden Wunden, das ganze Leid der Welt und der Menschheit »die Wunden Christi«*. An Christus zu glauben, »mein Herr und mein Gott« rufen zu dürfen – das kann ich nur dann, wenn ich *diese* Seine Wunden berühren werde, von denen unsere Welt auch heute voll ist. Ansonsten würde ich nur sinnlos und vergebens »Herr, Herr!«[11] rufen.

Gewiss, niemand von uns darf sich für den Messias halten, der alle Wunden der Welt *heilen* könnte, das schaffte übrigens während seiner irdischen Wirkungszeit nicht einmal Er selbst – und Er bemühte sich auch nicht darum. Wir müssen sogar der Versuchung widerstehen, die oft zur *Magie* der Revolutionsbemühungen hinreißt, »aus Steinen Brote zu machen«[12]. Auch wenn wir uns ehrlich bemühen, alles zu tun, was in unseren Kräften und Möglichkeiten steht, können wir nur ein Stück weit gegen die anrollenden Wellen des Ozeans des Elends anrudern, der einen immer größeren Teil unseres Festlandes wegreißt. Trotzdem dürfen wir jedoch vor den Wunden der Welt nicht fliehen und ihnen unseren Rücken zuwenden, wir müssen sie zumindest *sehen, berühren,* und uns von ihnen *ergreifen* lassen. Wenn ich ihnen gegenüber gleichgültig, ungerührt, *unverwundet* bliebe – wie könnte ich dann den Glauben und *die Liebe zu Gott* bekennen, *den ich nicht sehe*[13]. Denn dann *sähe* ich Ihn wirklich *nicht*!

Dort in Madras war es für mich auf einmal offensichtlich: Ich habe nicht das Recht, Gott zu bekennen, wenn ich den Schmerz meiner Nächsten nicht ernst nehme. Ein Glaube, der vor dem menschlichen Leid die Augen verschließen möchte, ist nur eine Illusion oder Opium; angesichts solcher Arten von Religion hätten Freud und Marx mit ihrer Kritik recht gehabt!

Aber noch eine Sache ist sehr wichtig: *Wir dürfen uns bei der Wahrnehmung des Schmerzes in der Welt nicht ausschließlich auf »die sozialen Probleme« beschränken,* auch wenn diese Art des Leids mit Recht zum Gewissen der Welt und jedes Einzelnen von uns schreit und seine Stimme nicht unerhört bleiben darf. Keinen einzigen Moment dürfen wir aber denken, dass wir mit dieser Lebensaufgabe »fertig« wären, wenn wir einen Beitrag für karitative Aktionen in Afrika leisten, einem Bettler ein Almosen geben oder bei Wahlen für politische Programme mit sozialen Akzenten stimmen, auch wenn das durchaus wichtig ist. Es reicht aber nicht: Es gibt noch viele andere versteckte Schmerzen im Inneren der Menschen um uns herum. Und übersehen wir auch nicht die ungeheilten Wunden in uns selbst: Wenn wir uns zu ihnen und ihrer Heilung bekennen, tragen wir auch zur »Heilung der Welt« bei; dies ist manchmal sogar eine notwendige Voraussetzung, um die Schmerzen der Anderen überhaupt empfindsam wahrnehmen und ihnen helfen zu können.

\* \* \*

An jenem Nachmittag in Madras fiel mir noch etwas auf: Möglicherweise waren die Zweifel des Apostels Thomas von einer ganz anderen Art als die, an denen wir – die Enkel des szientistischen und positivistischen Zeitalters – ab und an leiden und die wir in diese Geschichte überstürzt projizieren; vielleicht war der Apostel ja gar kein schwerfälliger »Materialist«, unfähig, sich dem Geheimnis zu öffnen, das er nicht »anfassen« konnte.

Thomas war ein Mann, der bereit war, seinem Meister bis zum bitteren Ende zu folgen; erinnern wir uns, wie er auf die Worte Jesu reagierte, als es an der Zeit war, zu Lazarus zu gehen: »Gehen wir, um mit ihm zu sterben!« Er nahm das Kreuz ernst – und die Nachricht über die Auferstehung erschien ihm vielleicht als ein zu billiges Happy End der

Passionsgeschichte. Vielleicht hat er sich deshalb geweigert, sich der Freude der anderen Apostel anzuschließen, und wollte deshalb *die Wunden Jesu* sehen. Er wollte sehen, ob »die Auferstehung« *das Kreuz nicht entleert*[14] – erst dann konnte er dazu sein »Ich glaube« sagen. Vielleicht begriff der »ungläubige Thomas« letztendlich den Sinn des Ostergeschehens sogar tiefer als die anderen?

»Zum Glauben nützt uns der Unglaube des Thomas mehr als der Glaube der glaubenden Jünger«, schrieb in der Homilie zu diesem Evangeliumstext der heilige Papst Gregor der Große.[15]

*  *  *

Jesus kommt zu Thomas und zeigt ihm seine Wunden: Siehe, das Leid – egal welches Leid – ist nicht einfach weggewischt und vergessen! Die Wunden bleiben Wunden. Aber derjenige, der »die Krankheiten von uns allen getragen hat«, durchschritt gehorsam auch das Tor der Hölle und des Todes, und er ist hier weiterhin (unbegreiflich) mit uns. Er zeigte uns damit: »Die Liebe erträgt alles«[16]; »gewaltige Wasser können die Liebe nicht löschen und auch Ströme schwemmen sie nicht fort«, »stark wie der Tod ist die Liebe«[17] – und sogar stärker als er. Die Liebe erscheint im Licht dieses Ereignisses als ein Wert, den wir nicht dem Bereich des Sentimentalen preisgeben dürfen; sie bedeutet eine Kraft – die einzige Kraft, die den Tod selbst überlebt und mit den durchgestochenen Händen seine Tore aufstößt.

Die Auferstehung ist also kein »Happy End«, sondern eine Einladung und eine Aufforderung: Wir müssen und dürfen nicht vor dem Feuer des Leids kapitulieren, auch wenn wir es jetzt nicht löschen können. Wir dürfen uns angesichts des Bösen nicht so verhalten, als sollte ihm das letzte Wort gehören. Haben wir keine Angst, »an die Liebe zu glauben«[18] auch dort, wo sie gemäß aller Kriterien der Welt verliert. Haben wir den Mut, gegen »die Weisheit dieser Welt« auf *die Torheit des Kreuzes* zu setzen![19]

Vielleicht wollte Jesus Thomas, indem er seinen Glauben *durch die Berührung der Wunden* auferweckte, genau das sagen, was sich mir wie vom Blitz getroffen im Waisenhaus in Madras erschloss: Dort, wo *du das menschliche Leid berührst* – und vielleicht nur dort! –, dort erkennst du, dass *ich lebendig bin*, dass »Ich es bin«. Du begegnest mir überall dort, wo die Menschen leiden. Weiche mir in keiner dieser Begegnungen aus. Habe keine Angst! Sei nicht ungläubig, sondern glaube!

Gott der Herr des Alten Bundes erschien Mose im brennenden Dornbusch[20]; sein eingeborener Sohn, unser Herr und Gott, *erscheint im Feuer des Leids*, im Kreuz – und wir verstehen seine Stimme nur dann, wenn wir unser Kreuz auf uns nehmen und bereit sind, auch die Lasten der anderen zu tragen, nur dann, wenn die Narben der Welt – seine Narben – für uns zu einer Aufforderung werden.

Anmerkungen

[1] Vgl. 1 Petr 3, 15.

[2] Vgl. Nietzsche, F., Die fröhliche Wissenschaft, Zweites Buch, Aphorismus 125 (KSA 3, S. 480 ff).

[3] Nietzsche, F., Also sprach Zarathustra, Dritter Teil, Von den Abtrünnigen, 2 (KSA 4, S. 230).

[4] Vgl. Röm 8, 35.

Das Tor der Verwundeten

[5] Vgl. Joh 20, 20–27.

[6] Vgl. Mt 12, 33.

[7] Vgl. 1 Joh 4, 1.

[8] Vgl. Mt 13, 29.

[9] Vgl. Lk 18, 25.

[10] Über meine Indien-Reise einschließlich des Tages in Madras be- richte ich ausführlicher in einem anderen Buch: Co je bez chvění, není pevné (Was nicht zittert, ist nicht fest), Praha 2002, S. 25–28.

[11] Vgl. Mt 7, 21.

[12] Vgl. Mt 4, 3.

[13] Vgl. 1 Joh 4, 20.

[14] Vgl. 1 Kor 1, 17.

[15] *Plus enim nobis Thomae infidelitas ad fidem quam fides credentium discipulorum profuit«*, Hom. 26, 7–9; Patrologia Latina 76, 1201–1202.

[16] Vgl. 1 Kor 13, 7.

[17] Vgl. Hld 8, 6–7.

[18] Vgl. 1 Joh 4, 16.

[19] Vgl. 1 Kor 4, 10.

[20] Ex 3.

## 2. Ohne Distanz

Jeder einzelne Apostel bekam seine Aufgabe. Petrus weidete die Lämmer der Herde Christi, Paulus machte sich auf den Weg zu den Völkern in der Ferne. Und was tat Thomas?

Denken wir zu Ende, was wir angedeutet haben. »Gläubig« zu sein bedeutet nicht, für immer die Last der brennenden Fragen abwerfen zu können. Manchmal bedeutet es, das Kreuz der Zweifel auf sich zu nehmen und Ihm auch mit diesem Kreuz treu zu folgen. Die Kraft des Glaubens besteht nicht in der »Unerschütterlichkeit der Überzeugung«, sondern in der Fähigkeit, auch die Zweifel, die Unklarheiten zu ertragen, *die Last des Geheimnisses* auszuhalten – und dabei die Treue und die Hoffnung zu bewahren.

Ja, vielleicht ist gerade dies die Berufung des Thomas: Der Glaube, der aus der Berührung der Seite Christi geboren wurde, wird für ihn nicht zum Gegenstand des »Besitzes«. Auch jetzt hört für ihn der Glaube nicht auf, *ein Weg* zu sein. Thomas hat weiter die Last seiner Zweifel und seine Versuchung zur Skepsis zu tragen: Zur Glaubenssicherheit gelangt er nur dort, wo er *in der Berührung der Wunden der Welt Gott berührt* – nur dort begegnet er Ihm. Nur dort erlebt er erneut seine Begegnung mit dem Auferstandenen. Das ist seine Berufung.

Und gerade dadurch schlägt er für viele, die das Leben im Helldunkel der Zweifel durchschreiten, einen Pfad zu einer ganz spezifischen Selbstoffenbarung Gottes in unserer Welt, zu einer unerwarteten »Erfahrung mit Gott«. Der,

der *den Herrn sah*, öffnet *denen* das Tor, *die nicht gesehen haben:* Diese können Jesus immer wieder begegnen – in den Wunden der Welt.

Wenn jemand Christus nicht im traditionellen Umfeld finden kann, das die Kirchen bieten, in ihren Predigten, Gottesdiensten und Katechismen, für den steht immer noch diese andere Möglichkeit offen: Ihm dort zu begegnen, wo die Menschen leiden.[1] Sagte doch nicht Jesus: »Was immer ihr einem dieser meiner geringsten Brüder getan habt, das habt ihr mir getan«[2]?

Und weiter: Wir können ihm sogar in der Tiefe unseres eigenen Schmerzes begegnen.

\* \* \*

Angeblich gibt es viele, denen allein die Tatsache, dass das Böse und das Leid in der Welt existieren, den Glauben an Gott raubte. Ich gebe zu, dass ich dieser Versuchung nicht ausgesetzt war. Ich habe es eher umgekehrt begriffen und erlebt: Nur weniges rief in mir so stark den Durst nach Sinn hervor wie die Absurditäten der Welt, und nur weniges so stark *den Durst nach Gott* wie die offenen Wunden der Schmerzen, die das Leben mit sich bringen kann.

Und ist nicht allein dieser brennende Durst die irdische Gestalt des Glaubens, während die strahlende Sicherheit und die »selige Schau Gottes« (*visio beatifica*) erst dem vollkommenen himmlischen Ruhen vorbehalten sind? Der Glaube hier auf Erden bietet keine »Sicherheit«, sondern erfordert Offenheit gegenüber dem Unbegreiflichen: im Fragen, Suchen und manchmal auch im Schreien, unter Tränen und im Protest, aber auch im ständigen Bitten um Vertrauen und Ausdauer, im Mut, sich nicht mit den erstbesten, zu billigen Antworten und Erklärungen zu begnügen – egal, ob es sich um die der Atheisten handelt wie: »Es gibt keinen Gott!«, oder um die der Frommen, die nur erlernte Sätze oder »richtige Antworten« wiederholen, ohne dass sie dadurch ihr Leben beeinflussen oder verändern lassen. Der Durst nach Gott und die Frage nach Gott rufen mit Recht Geysire von Assoziationen, Imaginationen und zusammenhängenden Fragen hervor (zum Beispiel was das Wort »Gott« und was »das Sein« im Zusammenhang mit Gott bedeutet), so dass mir diese beiden dogmatischen und rigorosen Antworten (die atheistische Leugnung Gottes und das theistische Einsperren des Geheimnisses in die Zwangsjacken eindeutiger Definitionen) immer als zwei gleich unglückliche Absperrungen vor dem Tor zum großen geistigen Abenteuer vorkamen.

Wenn die Welt vollkommen wäre, wäre sie selbst Gott und es gäbe in ihr keine Frage nach Gott.[3] Ein Gott, der sich narzisstisch in dem unbeschädigten Spiegel seiner vollkommenen, völlig harmonischen Welt ohne Widersprüche, Gegensätze und Rätsel anschauen würde, das wäre nicht *mein Gott*, nicht der Gott der Bibel, nicht der Gott meines Glaubens. Die Geschichte, die die Bibel erzählt, ist kein süßes Idyll, sondern ein beunruhigendes Drama; die Welt, von der die Schrift spricht, hat (genauso wie unsere heutige Welt) blutige und schmerzhafte Wunden – und der Gott, den sie bekennt, trägt diese ebenfalls.

In jener Erzählung des Evangeliums, von der sich die Meditationen dieses Buches haben inspirieren lassen, zeigt sich Gott als *ein verwundeter Gott* – weder als der apathische Gott der Stoiker noch als ein Gott, der die Projektion unserer Wünsche oder das Symbol der Machtambitionen eines Menschen oder einer Nation ist. Es ist ein *sym-pathischer* Gott, d. h. ein mit-fühlender, mit-leidender, mit-leidenschaftlicher.

\* \* \*

Unternehmen wir einen ersten Exkurs in die Welt des theologischen Denkens. Die Rede von einem leidenden Gott balanciert immer auf einem schmalen Grat. Sie läuft immer Gefahr, einer alten Häresie zu verfallen, dem *Patripassianismus* – einer verurteilten Lehre, die besagt, dass im Christus am Kreuz Gott Vater selbst litt. Diese Aussage wurde aber zu Recht verurteilt, weil sie eine versteckte Äußerung einer anderen Irrlehre war, des *Monophysitismus*, der zwischen Vater und Sohn und zwischen der Gottheit und der Menschheit in Christus nicht unterscheiden kann. Die Ablehnung des Patripassianismus und die berechtigte Angst vor zu anthropomorphen Bildern von Gott sollten jedoch nicht zum anderen Extrem führen, zu einem vielleicht noch gefährlicheren: zur Verwechslung des biblischen Gottes mit der blutlosen heidnischen Vorstellung von Gott als *eines unbewegten ersten Bewegers,* als eines apathischen und statischen »höchsten Seins«.[4]

Zusammen mit Juden und Muslimen bekennen wir einen Gott, der in sich selbst verborgen ist und in seinem Wort erscheint, das *sich ereignet* und die Geschichte verwandelt. Wir Christen fügen dem das hinzu, was für uns unbedingt wesentlich ist: *Das Wort ist Fleisch geworden* – die Fülle dieses Wortes, durch das Gott seit Ewigkeit die Welt erschafft und mit uns Menschen kommuniziert, erkennen wir im Menschen Jesus von Nazareth. Er, so behaupten wir, ist das »Wort, das am Anfang bei Gott war und das Gott war«[5].

Die Aussage »Jesus ist Gott« trennt uns von Juden und Muslimen, die uns wegen ihr des Verrats am Monotheismus verdächtigen, des reinen Glaubens an den *einzigen* Gott. Nach Jahren der Gespräche mit jüdischen und muslimischen Theologen geht mir die Frage nicht aus dem Kopf: Steht als Hindernis zwischen uns vielleicht nur eine bestimmte *Auslegung* der Einheit Jesu mit dem Vater und nicht das Geheimnis selbst? Und wäre es womöglich dennoch dasselbe Geheimnis – dass der Mann aus Nazareth *genauso eins mit Gott ist, wie er eins ist mit uns* –, auch wenn man den griechischen Apparat von metaphysischen Begriffen wie Natur, Wesen, Person einfach wegließe, von Denkkategorien also, die etwas ausdrücken, das auch uns heute schon lange nicht mehr geläufig ist? Wie ließe sich aber anders von dieser *Einheit* sprechen, damit klar wird, dass diese Einheit des Vaters und des Sohnes weder die Einmaligkeit des Vaters noch das Menschsein Jesu mindert, dass sie nichts von der Einheit Jesu mit uns Menschen wegnimmt, genauso wenig wie diese seine Einheit mit uns seine einmalige Gemeinschaft mit dem Vater abschwächt?

Christus ist wahrer Mensch und wahrer Gott – mit diesem Bekenntnis steht und fällt der christliche Glaube. Die Lehre des antiken Konzils von Chalcedon (451 n. Chr.) drückt das durch die zweifache Verwendung des Ausdrucks *homoousios*, »wesensgleich« aus: Jesus ist eines Wesens mit uns in seiner menschlichen Natur und gleichzeitig *eins* – »eines Wesens« – *mit dem Vater* in seiner »göttlichen Natur«. Dabei bleibt sowohl die persönliche Identität (*prosopon* – *persona* – Person) von Jesus von Nazareth als auch der reale Unterschied zwischen den »Personen« Vater und Sohn gewahrt – Jesus *ist nicht* Gott-Vater, der Vater und Schöpfer von allem und allen; das Bekenntnis der einmaligen Gemeinschaft des Vaters und des Sohnes darf nicht zur Annahme zweier Gottheiten führen, zur Abschwächung des Glaubens an die Einzigkeit Gottes und des mit ihr verbundenen Glaubens an die Einheit und an die gleiche Würde aller Menschen (denn nur dann sind wir *alle* – trotz aller Unterschiede – gleichwertige Kinder eines gemeinsamen Vaters).

Gestehen wir aber zu, dass ein so formuliertes grundsätzliches christologisches Dogma, zu dem die alte Kirche nach Jahrhunderten von intellektuellen Kämpfen gelangte, die leider auch von persönlichen und politischen Kämpfen durchdrungen waren, Stein des Anstoßes nicht nur für Juden und Muslime ist, sondern auch für viele Christen. Hinter dem wörtlichen Bekenntnis zu diesem Glaubensartikel verstecken sich oftmals in den Vorstellungen der Gläubigen Karikaturen, die auffällig an die alten christologischen Häresien erinnern: Jesus als Gott, der als Mensch verkleidet ist, Jesus als Held zu Gott erhoben, »ein Gott-Mensch« als eine Art von Zentaur zwischen Gott und dem Menschen usw.

Kein Wunder, dass dann viele mit Schrecken vor diesen Chimären in einem oberflächlich-humanistischen Verständnis von Jesus Zuflucht suchen, dass sie Jesus als einen »bloßen« Menschen oder »einen der Avatare« – d. h. eine von vielen Verkörperungen eines Gottes oder eines göttlichen Prinzips auf Erden – oder einen von vielen Morallehrern sehen, als den ihn gerne diejenigen schildern, die den starken Wein des Christentums bis zur Unkenntlichkeit mit dem lauwarmen Wasser des Relativismus verdünnen, den man irrtümlicherweise für die Tugend einer allumfassenden Toleranz hält. Der Inhalt des christlichen Bekenntnisses ist jedoch keine edle Moral eines der alten Weisen, sondern die schockierende Botschaft davon, dass sich in dem Mann, der im Stall geboren wurde und den Tod der aufständischen Sklaven starb, einerseits eine einmalige Verbindung von Menschheit und der Gottheit zeigt (die Wahrheit über Gott und Mensch und ihre gegenseitige Beziehung), und in dem sich andererseits ein unentbehrliches Heilmittel für die tiefste Wunde in der »menschlichen Natur« darbietet, nämlich »das Heil« und »die Vergebung der Sünden«.

Ist es vielleicht möglich, den Menschen die Tiefe des authentischen Glaubens der christlichen Tradition dadurch zu eröffnen, dass man die Schlüsselaussagen über »die Göttlichkeit Christi« und seine »Auferstehung« aus der Sprache der Metaphysik zurück in die Erzählsprache zu übersetzen sucht?

In den Evangelien finden wir eigentlich nur eine einzige explizite Äußerung über die »Göttlichkeit Christi« – und zwar gerade in der Erzählung über die Begegnung des Auferstandenen mit dem »ungläubigen Thomas«, in dem Ausruf des Thomas: »Mein Herr und *mein Gott*!«

\* \* \*

Mit der Aussage »Mein Herr und mein Gott« gibt uns der Apostel Thomas allerdings keine metaphysische Definition der Natur Christi. Vielleicht ähnelt dieser Ausruf der Freude im Evangelium des Johannes sogar der Weise, wie das Griechisch des klassischen Dramas mit dem Wort »Gott« verfährt: »Es ist Gott, wenn man die Liebenden erkennt!« Wenn sich Freunde begegnen, dann ist Gott! Es ereignet sich Gott![6]

Ja, in der Bibel, gerade in ihr, *ereignet sich Gott. Gott ist so, dass er sich ereignet.* Thomas erlebt, dass in seiner Begegnung mit dem Gekreuzigten und Auferstandenen sich Gott ereignet; Gott ist hier, er ist »berührbar«. Im einmaligen *Mittler zwischen Gott und den Menschen*[7] ist Gott unmittelbar, *ohne Distanz.*

Nietzsche, »der Frömmste unter den Gottlosen« (wie er seinen Zarathustra nannte), versteckte in der Mitte seines »Antichrist«, des vielleicht wildesten antichristlichen Pamphlets, das je geschrieben wurde, eine bemerkenswerte Passage, aus der er inmitten der Posaunen und Trommeln seines Grolls überraschend die Sonate seiner (verletzten) Liebe zu Gott erschallen lässt. Jesus ist für ihn »der einzige Christ, der je lebte« – und er lobt ihn dafür, dass er die Beziehung Gottes und des Menschen »ohne Distanz« zeigte.[8]

Gerade die Wunden Jesu zeigen, dass er »ohne Distanz« seine Solidarität mit den Menschen lebte, die ihn zum Opfer am Kreuz führte. Das Leben des nicht ausweichenden Zeugen der Wahrheit in dieser Welt endet auf diese Weise – das Kreuz Jesu ist ein Spiegel, in dem wir das Böse und die Gewalt in ihrer ganzen Nacktheit sehen. Es ist eine raue, aber sehr realistische Aussage über die Welt, in der Jesus lebte und in der auch wir leben.

»Sie werden auf den blicken, den sie durchbohrt haben.«[9] Diesen Vers aus dem Alten Testament haben die Christen schon immer als ein Prophetenwort über das Kreuz gedeutet. »Durch seine Wunden wurden wir geheilt«, lesen wir weiter in der Schrift.[10] Aber wie? Vielleicht auch dadurch, dass wir uns selbst im Spiegel erkannt haben, den uns das Kreuz und der Gekreuzigte mitten in der Welt der Gewalt bieten – und dieser Blick gab uns den Anstoß zur Umkehr. Vielleicht sind auch wir, die »doch saubere Hände haben«, aus der Illusion der Unschuld aufgewacht und haben die Mitverantwortung für die Welt angenommen, deren Schrecken nicht nur durch die Handlungen von bösen Menschen verursacht sind, sondern noch mehr durch die Gleichgültigkeit und durch das Nicht-Handeln der »guten«.

Die heilende Kraft der Passionsgeschichte besteht auch darin, dass wir in ihr nicht nur dem Bild der Welt und uns selbst begegnen, sondern auch der schockierenden Art des Handelns Gottes, der in seinem Sohn bis in die Tiefen des menschlichen Leids, der Endlichkeit und des Todes geht – *ohne Distanz*.

\* \* \*

Die Ostertage – *pessach, pascha* – sind Feiertage, die an *den Auszug* erinnern. Die Juden erinnern sich am Pessach-Fest an den Exodus, den Auszug aus dem Land der Sklaverei in das gelobte Land der Freiheit. Dies ist auch der wesentliche Kontext der Ostererzählung Jesu: Es ist die Stunde, in der er diese Welt verlässt und zum Vater geht.[11] Es ist die Zeit, die die scheinbare Siegesstunde seiner Feinde (»der Mächte der Finsternis«[12]) und *zugleich* das geheimnisvolle Fest der »Verherrlichung« Jesu ist, wie es das Johannes-Evangelium betont, welches in der *Erhöhung am Kreuz* sowohl die Erniedrigung Jesu durch die Menschen als auch – zugleich – seine Erhöhung durch den Vater »zu seiner Rechten« sieht.[13]

Die Ostererzählung, wie sie das Evangelium nach Johannes schildert, ist von zwei Aussagen umrahmt: Von dem Ausruf von Pilatus: »*Sieh, der Mensch*« und dem Ausruf von Thomas: »*Sieh, der Gott*« (Mein Herr und mein Gott!). Beide Aussagen betreffen Jesus, beide werden *mit dem Blick auf seine Wunden* getroffen – die eine spricht vom Menschsein, die andere vom Gottsein. Man könnte sagen, dass diese beiden Sätze *zwei unterschiedliche Deutungen der Wunden Jesu* darstellen. Seine Wunden – vielleicht mehr als irgendetwas anderes, ja, vielleicht sogar nur sie – enthüllen jene Verbindung des Menschlichen und des Göttlichen, die Jesus von Nazareth darstellt. Das jedoch, was zwischen ihnen liegt, ist »das österliche Geheimnis«: Tod und Auferstehung Jesu.

Jesus, der »ohne Distanz« seine Solidarität mit den Menschen lebte, einschließlich der Verachteten und der Nicht-Eingeladenen, überbrückte mit seinem Kreuz den Abgrund der Sünde – *die Distanz* zwischen Gott und den Menschen. Dieser Abgrund entstand, gemäß der Erzählung der ersten Seiten der Bibel, als der Mensch (»Adam«) zwischen der Möglichkeit, Gott zu vertrauen oder zu misstrauen, eben jene zweite Möglichkeit wählte. Er hatte ein falsches Bild

Gottes angenommen, die satanisch entstellte Vorstellung von Gott – Gott als einen nicht gönnenden und unehrlichen Konkurrenten des Menschen und seiner Freiheit. (Mancher Atheist lehnt eigentlich gar nicht den Gott der Bibel und des christlichen Glaubens ab, sondern er lehnt gerade diese von Satan angebotene Karikatur Gottes ab, einen Gott, der ängstlich oder böswillig die freie Entwicklung der menschlichen Größe verhindert. Diese Ablehnung ist völlig richtig, denn diese Vorstellung Gottes verdient es, abgelehnt zu werden; das Problem eines solchen Atheisten besteht jedoch darin, dass er keine andere Vorstellung von Gott besitzt und keinerlei Erfahrung mit Gott hat. Dadurch wird er paradoxerweise zur Geisel gerade jenes Irrtums, den er leugnet). Das Kreuz Christi ist der Antipode des Handelns Adams im Paradies. Während Adam durch sein Misstrauen und seine Untreue die ursprüngliche paradiesische Intimität zwischen dem Menschen und Gott aufhebt, erweist Jesus sein Vertrauen und bewahrt die Treue und den Gehorsam auch in der Dunkelheit jener Verlassenheit, die die Frucht und das Bild jenes Abgrundes der Entfremdung ist, für den die Schrift das Wort »Sünde« wählt.

Kommen wir aber zu jenen beiden Sätzen zurück, die im Evangelium des Johannes die Passionsgeschichte einrahmen. Die Aussage von Pilatus »Sieh, der Mensch« begleitet eine Geste, die auf jenen Mann zeigt, der sich nach der drastischen Geißelung zu einem blutigen Fleischklumpen verwandelt hat. Ist dies noch derselbe Mensch, der am Morgen als Anwärter auf den Königsthron vor das Tribunal des Herrschers geführt wurde? Ist das überhaupt noch ein menschliches Wesen? Wird nicht sein erbärmlicher Zustand in den Augen der Kläger und der zuschauenden Menschen-masse vielleicht Mitgefühl erwecken, so dass die Forderung nach Blut und Strafe hinreichend befriedigt ist und der Herrscher endlich Ruhe von der unangenehmen Causa hat?

»Ecce homo« – die Szene, in die die Volksfrömmigkeit zu Beginn der Kreuzwegandacht und auch im Geheimnis des schmerzhaften Rosenkranzes eintaucht und die das Su-jet vieler Statuen und Bilder ist, führte jedoch die fromme Vorstellung sicher noch viel weiter und tiefer hinter den vor-dergründigen Sinn dieser Aussage von Pilatus. Es ist die Prä-sentation des Menschen, des Menschseins, der mensch-lichen Existenz in ihrer Grenz-Gestalt – in ihrer Schwäche, Verlassenheit, ihrem Schmerz und ihrer Ohnmacht. *Keine Gestalt besaß er, noch Schönheit, verachtet war er von uns, ein Mann von Schmerzen, vor dem man sein Angesicht ver-hüllt*[14]; ein Armer, der über sich mit den Worten des Psalms sagen kann: »Ich aber bin ein Wurm und kein Mensch, der Leute Spott und des Volkes Verachtung. Alle, die mich se-hen, sie verspotten mich, sie verziehen die Lippen, schütteln das Haupt.«[15] Der ganze Ruhm, die Macht, die Würde und die Größe des Menschen sind weg, alles Menschsein er-scheint hier wie eine große blutige Wunde. Aber auch dies ist der Mensch.

»Ihr alle, die ihr vorüberzieht, schaut her und seht, ob ein Schmerz meinem Schmerz gleichkommt!«[16] Das ist of-fensichtlich einer der Gründe, warum dieses Bild – ebenso wie das Motiv der *Pieta*, der Mutter mit dem toten Sohn im Schoß: der Gegenpol der Madonna mit dem Kind in den Armen oder im Schoß – so eine therapeutische Kraft hatte: Es relativierte das eigene Leid. Jesus am Kreuz ist dagegen vielleicht schon zu »hoch«, das Kreuz wird oft schon als der Gipfel des Weges wahrgenommen, als Sieg (»Es ist vollbracht!«), während mit der Szene vor Pilatus zu Beginn des Kreuzweges das Drama des Schmerzes erst beginnt. Derjenige, der vor dem Tribunal der Macht und dem Fanatismus der Massen gegeißelt wird, ist wirklich »unten«. Ein Mensch vor dem Abgrund des Todes, der in keiner Weise mehr über sich selbst verfügen kann, total manipuliert von der Boshaftigkeit der Anderen, völlig ausgeliefert in die Hände der Feinde, wie ein verschnürter Gegenstand, wie »eine Sendung ohne Adressaten«, die sich der Hohe Rat, Pilatus, Herodes, die Soldaten und die Henker gegenseitig zuschicken – dieses Bild durchleuchtet die eigentliche Tiefe der menschlichen Existenz, frei von allen Beschönigungen und jeglichem Rückhalt.

Sieh, der Mensch! Ähnlich pythisch wie diese Aussage klang auch der von Pilatus kurz zuvor geäußerte Satz, die Frage »Was ist Wahrheit?«[17]. Diese war vielleicht nur eine zynische, spöttische Bemerkung eines Pragmatikers der Macht (»Wahrheit – was ist das? Was bedeutet sie schon?«), ausgesprochen ohne jegliche Spur philosophischer Neugier. Jesus hat diese Frage mit Schweigen beantwortet. Aber ist nicht die Szene »Ecce homo« die wirkliche Antwort darauf?

Der Mann voller Wunden drückt eine tiefe Wahrheit über den Menschen und sein Schicksal aus. Der Mensch ist *nichts* – das ist die Wahrheit des Karfreitags, ohne die es keinen Ostermorgen gibt. Und nur, wo es Gräber gibt, gibt es Auferstehung[18] – auch darin hatte Nietzsche recht. Was wissen wir über den Menschen, solange wir vor der Möglichkeit zurückweichen, ohne alle Illusionen bis an den äußersten Rand des menschlichen Schicksals zu blicken, wenn wir nicht den Grund berühren, wenn wir vor dem Abgrund das Gesicht verhüllen?

Erinnern wir uns an die brillanten Analysen des Verhältnisses von Wahrheit, Macht und Gewalt im Werk von Michel Foucault; im Geschehen des Karfreitags sind wir mit einer Wahrheit konfrontiert, die jenseits der Welt der Macht und der Gewalt steht. Mit einer Wahrheit, die ihren Platz in der menschlichen Ohnmacht gefunden hat und die sich der Gewalt ausdrücklich entsagt (»Wenn mein Königtum von dieser Welt wäre, würden meine Diener kämpfen, dass ich den Juden nicht ausgeliefert würde«,[19] sagt Jesus zu Pilatus). Statt sich mit der Gewalt zu verbinden, selbst Gewalt auszuüben oder zu vergelten und sie dadurch bis ins Unendliche zu vermehren, wird die Wahrheit lieber zu ihrem Opfer. In ihrem freiwilligen Opfer *offenbart sich die Wahrheit über die Gewalt* und möchte sich so – mit allen Folgen, die dies mit sich bringt – der in Bewegung gesetzten Maschinerie der Rache in den Weg stellen, die immer weitere Opfer verlangt.[20] Sie kann sie zwar nicht »stoppen«, aber sie kann ihre wahre Natur aufzeigen – und zur Aufforderung für diejenigen werden, die den Sinn dieses Opfers verstehen werden, auf dass sie diesen Mechanismus nicht unterstützen, mit ihm nicht kollaborieren und seine Mittel nicht nutzen.

Wenn Jesus das Wort Gottes für uns ist, das die *ganze* Menschheit annahm, dann umschließt sein Menschsein nicht nur jene Größe und Vollkommenheit des Menschen als des noch unbeschädigten Abbilds Gottes (er ist *der neue Adam*, Adam, der keine Narben aufgrund des Falls trägt), sondern auch den zweiten Pol des Menschen, auch die finstere, schmerzhaft vernarbte Seite des menschlichen Schicksals, das Elend und die Erbärmlichkeit, vor denen wir gerne unsere Augen, unsere Ohren und unser Herz verschließen.

Karl Rahner schildert suggestiv die Ähnlichkeit dieses »Schattens« mit dem Christus der Passion: »Wie sähe wohl das Bild des Menschen aus, das gerade dies zeigt, was er ist und sich zu sein weder eingestehen will noch zu sein bereit ist? Es müsste das Bild eines Sterbenden sein. Denn wir wollen ja nicht sterben und sind doch so dem Tode ausgeliefert, dass er als die unheimliche Macht schon alles im Leben durchwaltet. Der Sterbende müsste hängen zwischen Himmel und Erde. Denn wir sind weder da noch dort ganz zu Hause, weil der Himmel fern und die Erde auch keine zuverlässige Heimat ist. Er müsste allein sein. Denn wenn es auf das Letzte ankommt, haben wir den Eindruck, dass sich die andern scheu und verlegen empfehlen (weil sie ja schon mit sich nicht fertig werden) und uns allein lassen. Der Mensch auf dem Bild müsste wie gepfählt sein durch eine Horizontale und eine Vertikale. Denn der Schnittpunkt zwischen der in Breite alles umfassen wollenden Horizontale und der steil nach oben das alleinige Eine exklusiv wollenden Vertikale geht mitten durch das Herz des Menschen und zerschneidet es. Er müsste festgenagelt sein. Denn unsere Freiheit auf dieser Erde mündet aus in die Notwendigkeit der Not. Er müsste ein durchbohrtes Herz haben. Denn am Ende hat sich alles in einen Speer verwandelt, der unser letztes Herzblut verrinnen lässt.«[21]

Bietet sich nicht gerade uns – die wir in dem Jahrhundert geboren wurden, in dem auf den Appellplätzen der natio-

nalsozialistischen und kommunistischen Konzentrationslager der Mensch vieler seiner neuzeitlichen humanistischen
Illusionen beraubt wurde, uns, die wir in jenem Jahrtausend
leben, an dessen Schwelle durch den Terrorangriff vom 11.
September 2001 viele kaum geborene optimistische Versprechungen und Erwartungen eines »hell glänzenden Morgens« grausam massakriert wurden – durch diese geschicht-
liche Erfahrung die Möglichkeit, die Szene des »Ecce
homo« neu und tiefer zu verstehen? Ist nicht gerade uns
der Verwundete, der vor dem Gericht einer zynischen
Macht Angeklagte nicht näher und vertrauter als das Bild
eines lächelnden »Guten Hirten« auf idyllischen Andachts-
bildern?

Schon Pascal wusste ja nur zu gut, dass eine Religion, die
Angst davor hat, dem Menschen seine Erbärmlichkeit zu
zeigen, nur die Selbsttäuschung einer narzisstischen Projektion ist: » ...die, die Gott erkannten, ohne ihre Erbärmlichkeit zu erkennen, priesen nicht ihn, sondern priesen folglich
sich selbst.«[22]

\* \* \*

Am anderen Ende der Ostererzählung nach Johannes zeigt
Jesus seine Wunden erneut. Und der Apostel, bisher von
Zweifeln geplagt, ruft: Mein Herr und mein Gott!

Ostern, das ist der Auszug – der Übergang von einer
Sichtweise auf die Wunden Jesu zu einer anderen, *der Übergang vom »Ecce homo!« zum »Ecce Deus!«*. Das, was die
kirchliche Tradition in der Sprache der Metaphysik mit
den »zwei Naturen« ausdrückt, können wir als *die zweifa-*

*che Art des Lesens der Wunden Jesu* bezeichnen. Die Wunden Jesu, betrachtet aus dieser zweifachen Perspektive, erwecken zwei Reaktionen, die in zwei Worte gekleidet sind – »der Mensch« und »Gott«. Und diese Worte, die etwas so radikal Verschiedenes (und doch so tief Verbundenes) bezeichnen, können sich auf dieselbe Person beziehen.

Weder Pilatus noch Thomas legen uns theologische Überlegungen über die »Naturen« Jesu vor. Ihre Ausrufe drücken eine starke Emotion aus oder eine von starker Emotion begleitete Erfahrung einer Begegnung.

Der Ausruf des Thomas wird gewöhnlich als das Staunen und die Freude eines Menschen begriffen, der sich mit seinen Sinnen von der physischen Realität der Auferstehung überzeugt hat. Wir haben schon angedeutet, dass es hier aber vielleicht noch um etwas anderes geht. (Auch vom Neuen Testament gilt sicher das, was die weisen Rabbiner über die Texte der Tora behaupteten, dass nämlich jede biblische Stelle so tiefgründig ist, dass sie mindestens siebzig verschiedene Auslegungen zulässt.[23]) Die Freude des Thomas, seine »zweite Konversion«, wurde durch etwas hervorgerufen, das ihn offensichtlich mehr als die anderen Apostel getroffen haben muss: die Identität des Gekreuzigten mit dem Auferstandenen. Auf sie weisen die Wunden Jesu hin.

Aus allen Berichten über die Begegnung mit dem Auferstandenen wird ersichtlich, dass er nach seinem Durchgang durch das »Tal des Todesschattens« radikal verändert ist. Weder die Jünger auf dem Weg nach Emmaus noch Maria Magdalena, die ihm so nah ist, können ihn zunächst erkennen. Die Evangelien wollen offensichtlich betonen, dass das Mysterium der Auferstehung der Toten *eine radikale*

*Verwandlung* ist, keine bloße Wiederbelebung einer Leiche (Resuscitation, Reanimation) und die Rückkehr zurück in diese Welt und das Leben.

Maria Magdalena erkennt ihn an der Stimme, die Jünger auf dem Weg nach Emmaus an der Geste des Brotbrechens, Thomas an den Wunden. Das, womit sich Jesus zuerst vor seinen Jüngern legitimiert, die hinter den verschlossenen Türen des Abendmahlsaals versammelt sind, und dann am deutlichsten und am eindringlichsten vor Thomas, sind seine Wunden, die *anamnesis* (das Gedenken, die Erinnerung) des Kreuzes. Jesus »tritt durch die verschlossenen Türen ein« – überwindet also die verängstigte Verschlossenheit der Apostel und »zeigt ihnen seine Hände und seine Seite«.

Thomas kann dann beim Anblick der Wunden Jesu die Erfüllung der Worte Jesu erleben: »Wer mich gesehen hat, hat den Vater gesehen.«[24] Er sieht *in Jesus Gott* – durch die Öffnung seiner Wunden.

Es ist durchaus möglich, dass nicht nur *die Einheit* des Gekreuzigten und des Auferstandenen, sondern auch jene geheimnisvolle *Einheit der Gottheit und Menschheit* – die jenes Dogma von Chalcedon (von der Göttlichkeit Christi, von Jesus als wahrem Menschen und wahrem Gott) ausdrückt, das für viele Stein des Anstoßes ist – einsehbar ist *durch die Wunden Jesu.*

\* \* \*

Wir haben gesagt, dass sich in jener Begegnung mit Thomas Gott nicht nur zeigt, sondern dass *sich* Gott auch *ereignet.* Gott kommt zu den Menschen nicht wie ein »Faktum«,

»eine Tatsache«, »ein Gegenstand«, den man auf beliebige Weise »ergreifen«, »begreifen« und »besitzen« könnte. Ein bemerkenswerter zeitgenössischer irischer Philosoph, Richard Kearney (der heute vorwiegend in den USA wirkt), schlägt in seinem inspirierenden Buch *The God Who May Be*[25] vor, dass jenseits des fundamentalistischen theistischen Begriffs von Gott als »einer gegebenen Tatsache« und der ähnlich fundamentalistischen Behauptung der Atheisten, dass »es Gott nicht gibt«, *eine dritte Möglichkeit* besteht, nämlich dass *es Gott geben kann* (God may be). Gott spricht die Menschen (z. B. Moses im brennenden Dornbusch[26]) als *Möglichkeit* an, er stellt sich als Einladung, Aufforderung oder Aufgabe vor (z. B. »Geh und rette mein Volk«). Gott ereignet sich in diesem Dialog, *er verwirklicht sich* dort, wo die Menschen seine Aufforderung (und ihn als den Auffordernden) annehmen.

Es ist bemerkenswert, dass Gott in der Regel Menschen am Rande der Gesellschaft oder in der Not anspricht (Moses ist ein Flüchtling, der die Herde seines Schwiegervaters weidet). Jesus – und Gott in Jesus – solidarisiert sich nicht nur mit ihnen (mit den Geringen, Nicht-Eingeladenen, Verwundeten – davon sprachen wir bereits im vorherigen Kapitel), sondern identifiziert sich direkt mit ihnen: Was immer ihr einem dieser meiner geringsten Brüder getan habt, das habt ihr *mir* getan.[27]

»Niemand kommt zum Vater außer durch mich.«[28] Diesen Satz Jesu zitieren christliche Fundamentalisten und »Exklusivisten« mit Vorliebe. Mit seiner Hilfe machen diese ungebetenen Wächter des Tores zum Himmelreich aus dem Namen Jesu ein Schibboleth (ein Kennwort), das zur einfachen Unterscheidung und zur Aussonderung derjenigen dient, die von vornherein verworfen sind.

Dabei haben sie jedoch, worauf Kearney hinweist, bezeichnenderweise vergessen, sich die Frage zu stellen, *wer* das Subjekt dieses Satzes Jesu ist, wer das »ich« Jesu bildet, wer und wo Jesus ist, der einzige Mittler zwischen uns und dem Vater. Wer bin ich? Diese Frage beantwortet Jesus doch gerade mit jener Aussage: »Was immer ihr einem dieser meiner geringsten Brüder getan habt, das habt ihr *mir* getan«. Die Geringsten, die Menschen am Rande (auch am Rande der Kirchen), die Bedürftigen und (nicht nur soziale) Not Leidenden, die (nicht nur körperlich) Verwundeten *weisen den verlässlichen und einmaligen, nicht relativierbaren Weg zum Vater*, den man nicht umgehen kann. Mit ihnen und in ihnen ist hier Jesus selbst als der Weg, die Wahrheit und das Leben gegenwärtig.

Jesus ist überall dort, wo Menschen *Not leiden* – überall dort sind sie (und Er in ihnen) für uns wie »eine Gelegenheit«, wie ein geöffnetes Tor zum Vater. Wo aber ist Jesus nicht? An einem einzigen Ort ist er sicher nicht: nämlich in denen und mit denen, die sich selbst als Gerechte, als Sehende empfinden, die Andere ausschließen und aus den Worten Jesu eine Schranke vor das Tor setzen, das sie ängstlich bewachen, das sie selbst zwar nicht betreten, aber zu dem sie den Anderen den Eintritt verwehren

Mit dieser Auslegung der Worte Jesu: »Niemand kommt zum Vater außer durch mich« wollen wir die Rolle Jesu keinesfalls relativieren, keinesfalls seinen exklusiven Anspruch abschwächen und Christus zurück in eine anonyme Reihe einer nicht zu überschauenden Menschenmenge drängen.

Im Gegenteil: Wir nehmen ihn in seiner *Fülle* an (mit allen, in denen er sich uns zeigt und gibt). Gerade in dieser Fülle liegt das Geheimnis seiner *Einzigartigkeit* – und zwar genau so, wie seine Einzigartigkeit im Geheimnis seiner einmaligen Gemeinschaft mit dem Vater besteht.

## Anmerkungen

[1] Es wird erzählt, dass Pascal, als die kirchliche Obrigkeit ihm für eine gewisse Zeit verboten hatte, die Eucharistie zu empfangen – weil sie seine Rechtgläubigkeit bezweifelte –, in seinem Haus begann, einen Armen und Kranken zu pflegen, damit er auf diese Weise wieder »den Leib Christi empfängt«. Ich frage mich, ob etwas Ähnliches auch heute manche inspirieren könnte, die – wodurch auch immer – gehindert sind, zum Altar zu treten; und ebenso vielleicht auch uns, die wir uns auf die Eucharistie vorbereiten.

[2] Mt 25, 40.

[3] Ähnlich heißt es schon bei Schelling: »Damit also das Böse nicht wäre, müsste Gott selbst nicht sein«. (Schelling, F. W. J. von, Philosophische Untersuchungen über das Wesen der menschlichen Freiheit und die damit zusammenhängenden Gegenstände, Stuttgart 1860, VII., S. 403).

[4] Schon im Jahr 534 zögerte Papst Johannes II. nicht, auf die Frage, »ob Christus, unser Gott, der seiner Gottheit nach leidensunfähig ist, im Fleisch gelitten hat«, nach Konstantinopel eindeutig zu antworten: »Gott hat wirklich im Fleisch gelitten« (vgl. Denzinger/Hünermann, Kompendium der Glaubensbekenntnisse und kirchlichen Lehrentscheidungen, Freiburg i. Br.: Herder, 43. Auflage 2010, S. 401).

[5] Joh 1, 1.

[6] »O Götter! Es ist Gott, wenn man die Liebenden erkennt!« ist ein Zitat aus der Tragödie »Helena« von Euripides. Kerényi fügt hinzu: »Ein göttliches Ereignis wird wohl mit Ecce Deus! Theos! – im Nominativ begrüßt, aber nicht angeredet im Vokativ. [...] es bricht das göttliche Ereignis ein: *theós* geschieht, zeitlich, in dieser Welt und ist ganz in diesem Geschehen. Verwischen wir die Sprachgrenze und damit die Grenze der verschiedenen Bannkreise, so heißt der Satz: Gott geschieht.« Vgl. Waldenfels, H., Kontextuelle Fundamentaltheologie, Paderborn: Schöningh, 3. Auflage 2000, S. 105.

[7] 1 Tim 2, 5.

[8] »… im Grunde gab es nur Einen Christen, und der starb am Kreuz.« (Nietzsche, F., Antichrist, Nr. 39 (KGA VI, 3, S. 209)); Jesus »hat jede Kluft zwischen Gott und Mensch geleugnet, er *lebte* diese Einheit von Gott und Mensch als *seine* ›frohe Botschaft‹«. (Nietzsche, F., Antichrist, Nr. 41 (KGA, VI, 3, S. 213)); ewiges Leben ist »Leben in der Liebe, in der Liebe ohne Abzug und Ausschluss, ohne Distanz«. (Nietzsche, F., Antichrist, Nr. 29 (KGA, VI, 3, S. 198)).

[9] Sach 12, 10.

[10] Vgl. 1 Petr 2, 24.

[11] Vgl. Joh 16, 28.

[12] Lk 22, 53.

[13] Vgl. Joh 12, 32; Apg 7, 56; Lk 22, 69.

[14] Vgl. Jes 53, 2–3.

[15] Ps 22, 7–8.

[16] Vgl. Klgl 1, 12.

[17] Joh 18, 38.

[18] Vgl. Nietzsche, F., Also sprach Zarathustra, II. ›Das Grablied‹ (KGW VI 1, 141).

[19] Joh 18, 36.

[20] Eine tiefsinnige Auslegung des Opfers Jesu findet sich im Werk von R. Girard (z. B. Der Sündenbock, Zürich 1988).

[21] Rahner, K., Rechenschaft des Glaubens. Karl Rahner-Lesebuch, hrsg. von K. Lehmann, Zürich: Benziger / Freiburg: Herder 1979, S. 203.

[22] Pascal, B., Gedanken, Fragment XXXII.

[23] Ein mittelalterlicher jüdischer Midrasch (BemR) spricht von den sog. *šivim panim šel ha-Tora* – den »siebzig Gesichtern der Tora«.

[24] Joh 14, 9.

[25] Kearney, R., The God Who May Be: A Hermeneutics of Religion, Bloomington: Indiana University Press, 2011.

[26] Ex 3.

[27] Mt 25, 31–45, besonders V. 40.

[28] Joh 14, 6.

## 3. Geheimnis des Herzens

»Die Wunde des Körpers öffnet das Geheimnis des Herzens – *patet arcanum cordis per foramina corporis*«, schrieb der heilige Mystiker Bernhard von Clairvaux.[1] Ich gebe zu, dass ich aus einer Reihe von Gründen lange brauchte, bis ich den Mut hatte, über dieses *arcanum* zu schreiben – es ist »ein zu großes Geheimnis«, es ist wirklich ein *mysterium tremendum et fascinans*, das Geheimnis einer faszinierenden Anziehungskraft, gleichzeitig aber erschütternd, Schrecken und Angst einjagend.

Zwei Wege führen zu ihm – ein breiter Weg alter österlicher Volksfrömmigkeit und dann ein steiler Pfad von Theologen, Philosophen und Mystikern (oder eher von Theologen, die gleichzeitig Philosophen und Mystiker waren). Beide Wege bergen allerdings auch große Gefahren.

Die fromme Verehrung der fünf Wunden Christi, seines Heiligsten Herzens, der Sieben Schmerzen Mariens, der Sieben Worte Christi am Kreuz, des Schweißtuches der Veronika, des Turiner Grabtuchs, der Stationen des Kreuzweges, des Geheimnisses des Schmerzhaften Rosenkranzes – das alles kann sowohl in die Tiefen der Ostererzählung einführen als auch an Äußerlichkeiten hängen bleiben, im seichten Wasser der weinenden und klagenden Frauen, die Jesus auf seinem Kreuzweg ermahnte (»Ihr Töchter Jerusalems, weint nicht über mich; weint vielmehr über euch selbst und über eure Kinder!«[2]), oder sogar im giftigen Schlamm masochistisch-sadistischer Fantasien versinken. Vollbrachten es etwa alle diese frommen Übungen, den Widerstand gegen die Gewalt und die Solidarität mit ihren Opfern in der christlichen Welt zu stärken? Lief nicht oft die Masse der Christen unmittelbar nach dem Hören der Passion auseinander, um die jüdischen Ghettos zu plündern, statt sich reumütig an die Brust zu schlagen? Blieben nicht auch nach dem durch die Jahrhunderte hindurch gefeierten Osterfest unzählige Christen passiv oder sogar gleichgültig in der Zeit des größten antijüdischen Pogroms der Menschheitsgeschichte, jenem »Golgota unserer Zeit«, wie Johannes Paul II. es in Auschwitz bezeichnete?

Wie aber verläuft der Pfad der Philosophen und Theologen? Auch wenn ich nicht abergläubisch bin, fröstelt es mich ein wenig, wenn ich an den merkwürdigen Zusammenfall des gewählten Themas und des Lebensschicksals derer denke, die sich in jüngerer Zeit vielleicht am tiefsten in das Geheimnis des Kreuzes und des Todes des Gott-Menschen vertieft haben. Nietzsche, der wie ein Nachtfalter um das abgrundtiefe Geheimnis »des Todes Gottes« kreiste, wurde schließlich von der Flamme des Wahnsinns verzehrt. Der Protestant Dietrich Bonhoeffer und der Jesuit Alfred Delp, die sich auf das Kreuz Christi blickend mit dem Tragischen aus der Sichtweise des Glaubens und mit dem Glauben ohne Halt im metaphysischen Gottesbild beschäftigten, starben vor der Vollendung ihrer Gedanken auf dem Schafott. Die Philosophin und Karmelitin jüdischer Abstammung Edith Stein (die heilige Teresia Benedicta vom Kreuz) konnte ihre *Kreuzeswissenschaft* nicht fertigschreiben, denn sie wurde auf jenem »Kalvarienberg unserer Zeit« ermordet, in der Gaskammer von Auschwitz. Der tschechische Philosoph Jan Patočka, der überzeugt war, dass »das Christentum ein unfertiges Projekt ist« und auf unsere drängenden Fragen nur dürftige Antworten geben konnte, war in den Seminaren des tschechoslowakischen Untergrunds der Meinung, dass die Theologen den Satz »Mein Gott, warum hast du mich verlassen« noch nicht vollständig zu Ende gedacht hätten. Er konnte diese Gedanken aber nicht mehr aufschreiben und zu Ende sprechen – im sokratischen Alter verließ er die akademische Abgeschiedenheit, um auf den politisch-moralischen Kampfplatz zu steigen, und starb nach wiederholten Verhören der tschechoslowakischen Geheimpolizei. Wie Sokrates wurde er zum Opfer der Bosheit derer, die ihm vorwarfen, dass »er nicht an die Götter glaubt, an die der Staat glaubt, und die Jugend verdirbt«. Und sicher könnte man diese Aufzählung noch fortführen.

Mir kommt es so vor, als wären diese Gedanken vor dem vollständigen Aussprechen geschützt, als könnten sie nur angedeutet werden – nicht aber mehr auf Papier und in Aulas der Universitäten zu Ende geführt werden, sondern nur dort, wo der Schatten des Kreuzes auf die menschlichen Schicksale fällt; als müssten diese Denker gerade in jenem Augenblick, in dem sie über die dunkelsten Tiefen des Leidens Christi nachsannen, *durch ihr Leiden das ergänzen, was an den Leiden Christi noch fehlt*[3] – um die Worte des Apostels zu gebrauchen. Oder gaben manchen von ihnen gerade diese Meditationen den Anstoß und die Kraft zur Wende ihres Lebens, zur »Nichtgleichgültigkeit« (wie der Glaube auch bezeichnet wurde[4]), zum Mut zum Opfer, zum realen »Tragen des Kreuzes«?

Kommen wir lieber zu den Ausdrucksformen der Volksfrömmigkeit zurück und beginnen wir zunächst bei ihnen!

\* \* \*

Am Karsamstag, am Ende der Karwoche, begaben sich über Jahrhunderte hinweg die Menschenmengen (die nie Nietzsches Überlegungen über den »Tod Gottes« gelesen haben) ohne Bedenken zum »Gottesgrab«, und sie begeben sich dorthin auch heute noch, sofern der etwas ängstliche Purismus der nachkonziliaren liturgischen Reformen das »Gottesgrab« nicht entfernt hat, um still »die heiligen Wunden« zu verehren.

An dieser Stelle müssen wir einen zweiten Exkurs in die Geschichte der Theologie und in das theologische Denken unternehmen. Den Ausdruck »Gottesgrab« (und also auch »Tod Gottes«) rechtgläubig zu verwenden, ermöglicht den Christen, einen bemerkenswerten Bestandteil im Schatz der theologischen Tradition, nämlich die Lehre über die »communicatio idiomatum« (den Austausch von Attributen), zu heben: Um die Einheit der Gottheit und Menschheit in Christus und die wechselseitigen Bindungen der Personen in der göttlichen Dreifaltigkeit (*perichoresis*) zu betonen, dürfen wir – in einem bestimmten, genau definierten Sinn – das Charakteristische, das Gott-Vater gehört, auch in Bezug auf den Sohn nutzen und umgekehrt.[5] Wir können also sagen, dass »Gott starb«, wenn wir damit zum Ausdruck bringen wollen, dass derjenige, der starb, »gleichzeitig« Gott und Mensch war, auch wenn er – was wir zugleich im

Gedächtnis haben müssen – »seiner menschlichen und nicht göttlichen Natur« nach starb.

Diese Reflexionen mögen ein wenig ungelenk erscheinen, aber der Grundsatz der »communicatio idiomatum« ist wirklich ein hermeneutischer Schlüssel zur Auslegung der großen Paradoxien des christlichen Glaubens, und vor allem ermöglicht er es, die wunderschöne Dichtersprache in der Theologie, in der Liturgie, in den Predigten, in der christlichen Kunst zu benutzen. Ohne ihn wäre weder die dichte Sprache der deutschen Mystiker, vor allem die Meister Eckharts, entstanden noch die ihres Erben und radikalen Nachfolgers, Martin Luther, der mit seiner *Theologie des Kreuzes* auf dem Gedanken aufbaut, dass der versteckte Gott nur *sub contrario*, in seinem Gegenteil erscheint. Und was wäre zum Beispiel von der faszinierenden Dynamik der Barockkunst übrig geblieben, wenn es dieses Spiel der Lichter und der Schatten nicht gäbe, des ständigen Durchdringens der farbenreichen Sinnlichkeit und der geistigen Ekstase, des Blaus des Himmels und der scharlachroten Flammen des Höllenschlunds! Mit welcher Sprache würden die großen Denker des Christentums, wie es Pascal oder Kierkegaard waren, von einer *Religion des Paradoxons* sprechen? Was bliebe von den Paradoxa der Sünde und der Gnade in den Romanen Graham Greens übrig? Aus der »Theologie des Todes Gottes«, dieser modernen Erbin der paulinischen und lutherischen *Kreuzestheologie*, würde nur eine Mischung aus Absurditäten und Blasphemie übrig bleiben – als welche diese Schule übrigens von denjenigen wahrgenommen wird, die aus der Theologie eine halbwegs ordentliche »Wissenschaft« zu machen wünschen, selbst aber nie in die Kunst, *theologisch* zu denken, eingeweiht waren!

\* \* \*

Folgen wir nun denjenigen, die am Karsamstag zum »Gottesgrab« (wie im Tschechischen die Darstellungen des Heiligen Grabes bzw. des Grabes Christi bezeichnet werden) kamen, um »die heiligen Wunden« zu ehren – die Wunden Gottes. Was sind eigentlich die Wunden Christi? Was ist die Wunde in seinem Herzen, die durch den verwundeten Körper hindurch das »arcanum« seines innersten Geheimnisses enthüllt? Worin besteht der eigentliche Schmerz, die Last und die Finsternis des Kreuzes?

Es sind nicht die körperlichen Qualen, an denen sich so gerne der fromme Sinn ergötzte, es ist nicht einmal der physische Tod selbst. Es ist etwas Anderes, Tieferes, noch größeren Schrecken Erregendes. Die Wunden Christi zu berühren, nicht nur die an seinen Händen und Füßen, die von seinem körperlichen Leid zeugen, sondern auch die »Seitenwunde«, die das Herz traf, bedeutet, die Finsternis zu berühren, von der der Schrei des völlig von Gott Verlassenen zeugt. *Die Wunde ins Herz* ist das, was das eine Wort Jesu am Kreuz aussagt; jenes Wort, welches nur ein Einziger der Evangelisten den Mut hatte aufzubewahren: *Mein Gott, warum hast du mich verlassen?*[6]

In diesem Satz erblicken wir bereits die Finsternis jenes Momentes, von dem das apostolische Glaubensbekenntnis sagt: Hinabgestiegen in die Hölle. Beinahe möchte man sagen (wenn man sich – trotz der Lizenz, welche die »communicatio idiomatum« der Predigtsprache erlaubt – nicht davor fürchtete, den schmalen Steg zu betreten, unterhalb dessen sich der Abgrund der Gotteslästerung auftut): In diesem Moment wurde Sein Glaube gekreuzigt und durchstoßen, Seine Einheit mit dem Vater; in diesem Augenblick ist für Ihn (und in Ihm) »Gott gestorben«. Jesus nahm nicht nur den menschlichen Tod auf sich, sondern auch *den Tod Gottes*.

Wenn jener Satz »Gott ist tot«, der den Westen seit mehr als einem Jahrhundert fasziniert, irgendeinen »christlichen Sinn« hat, irgendein *locus theologicus* ist, dann ist er es im Geheimnis des Karfreitags; dann ist er es in dem Abgrund, den der Schrei des Gekreuzigten öffnet.

Die Tradition lehrt uns, dass Jesus den bitteren Kelch des Abgerissenseins von Gott bis auf den Grund leergetrunken hat. Die Verlassenheit, die Entfremdung von Gott, dass Gott weit entfernt, schweigend, überhaupt nicht gegenwärtig, sogar *tot zu sein* scheint – das ist nicht nur die Folge der Sünde, die Strafe für die Sünde, sondern das geheimnisvolle Wesen der Sünde selbst, ihr finsteres Herz.

Die schwere Sünde, die »Todsünde«, »tötet das göttliche Leben« in uns, das können wir in jedem Katechismus lesen. Und jetzt begegnen sich Gott und die Sünde so wie niemals zuvor – in diesem Augenblick durchdringen und vermischen sich diese radikalen Gegensätze: »Zur Sünde wurde er für uns gemacht«[7], sagt der heilige Paulus über den Gekreuzigten. Martin Luther führt es dramatisch aus: Gott hat ihm befohlen, dass Er – der einzige Gerechte – zum größten Sünder werden soll, dass Er in alle Sünden der Welt hinabsteigen soll, dass Er zum Übertreter in Adam werden soll, zum Mörder in Kain, zum Ehebrecher in David, zum Feigling in

Geheimnis des Herzens

Petrus, zum Verräter in Judas usw. Was nicht angenommen wurde, kann nicht erlöst werden!

Der Sündenbock zu sein, alle Sünden der Welt auf sich zu nehmen, wie Paulus es so tiefsinnig gesagt hat, bedeutet die äußerste Solidarität mit den Sündern, die äußerst mögliche: nicht zu sündigen, aber *zur Sünde zu werden*. Dies ist das Geheimnis des Kreuzes, dass hier paradoxerweise die Sünde mit Gott zusammenstößt in einem menschlichen Herzen, das gleichzeitig das Herz Gottes ist, im menschlichen Herzen des Mannes aus Nazareth, über das die Kirche in der Litanei vom Herzen Jesu mit den Worten von Paulus singt, dass in ihm »die ganze Fülle der Göttlichkeit wohnt«. Das ist jener Augenblick des uralten Wettkampfes des Guten mit dem Bösen – der jeden Atem raubende Augenblick des Todes, in dem die Zeit in die Ewigkeit einbricht, in dem es scheint, als ob das Böse, die Sünde, die Gewalt, die Finsternis und der Tod beinahe den Sieg davontragen würden. Jener Augenblick, in dem es schien, als ob jenes *Attentat auf Gott*, das die Sünde war und ist (Adams Versuch, »wie Gott« zu sein und dadurch Gott überflüssig zu machen – und alle unsere Sünden, die diesen Versuch, Gott zu verdrängen, nur bestätigen), erfolgreich gewesen wäre.

Chesterton empfahl Christus als »Gott für die Atheisten«: Wenn sich Atheisten eine Religion auswählen müssten, sollten sie das Christentum wählen, denn *in ihm schien für einen Augenblick Gott Atheist zu sein*.[8]

\* \* \*

Ist nicht jenes »arcanum« das gehütete Geheimnis, das man nur durch die Wunde im Herzen des Gottessohnes erblicken kann, die totale »göttliche Selbst-Hingabe«, als würde hier Gott sein Sein selbst ausziehen und sich in jenem *Nichts* verstecken, durch das alles Erschaffene und alle *Sterblichen* hindurchgehen müssen? Ist nicht gerade dies der Schlüsselmoment des ewigen Dialogs des Vaters mit dem Sohn und des Dialogs des Schöpfers mit der Welt und der Menschheit – dass Gott im Leiden seines Sohnes seine Solidarität mit uns in unserer Nichtigkeit und Sterblichkeit insoweit erweist, als er selbst vor seinem Sohn sein Gesicht ganz und sein Sein insoweit verhüllt, dass ihn selbst der Sohn in diesem Augenblick als einen *total abwesenden*, »toten« Gott erlebt?

Ist dies aber nicht gleichzeitig jene erlösende und befreiende Tat des Sohnes, dass er auch durch diesen Augenblick der völligen Finsternis *hindurchgeht* – und dass er schon im Augenblick *der Artikulation* dieses »gekreuzigten Glaubens«, im Schrei des Sterbenden, diese abgründige Erfahrung nicht mit der Sprache der Verzweiflung und Resignation ausdrückt, sondern in Form einer bitteren *Frage?*

Wenn Sein Glaube »gekreuzigt« wurde und durchstoßen von dem Erleben der unendlichen Gottferne, für die wir kein düstereres Wort als »Tod Gottes« haben, dann ist schon allein die Tatsache, dass Jesus diese Grenzerfahrung in Form einer Frage ausspricht – »*Warum* hast du mich verlassen?« –, dass er also nicht aufhört zu fragen, dass er den *Dialog* mit dem Vater auch dann *nicht abbricht*, als er in diesem Moment der Agonie, menschlich gesehen, keine Antwort mehr erwarten kann, das Vorzeichen der Auferstehung. Der Moment, vor dem sich, gemäß den Berichten der

Evangelien, selbst die Sonne das Gesicht verhüllte, trägt so in sich bereits das Morgenrot des Ostermorgens. Mit Recht schildert Johannes in seiner Passion das Kreuz auch schon als Sieg, die Erniedrigung Christi als »Erhöhung«, und statt der bitteren Frage des Verlassenen hört er bereits den Frieden und die Versöhnung (schalom) des sich nähernden siegreichen Morgens: Es ist vollbracht!

Wenn Jesus in dem Moment, als er die völlige Verlassenheit von Gott spürt, *trotzdem* seine *Frage* in diese Finsternis schreit, offenbart dieser Augenblick des Kreuzes (und des Kreuzes seines Glaubens, wenn wir das so ausdrücken dürfen) etwas Wesentliches über den Charakter des wirklich *christlichen* (nicht »allgemein religiösen«) Glaubens überhaupt: Der authentische Glaube der Jünger Jesu besitzt den Charakter des »Trotzdem« und des »Dennoch«; es ist ein verwundeter, durchstoßener und trotzdem *ständig fragender* und suchender, gekreuzigter und auferstandener – also ein wahrhaft österlicher – Glaube.

## Anmerkungen

[1] Migne, J.-P. (Hg.), S. Bernardi abbatis primi Clarae-Vallensis opera omnia 2 (Patrologiae cursus completus. Series latina 183), Paris: Migne 1966, 1072.

[2] Lk 23, 28.

[3] Vgl. Kol 1, 24.

[4] Nichtgleichgültigkeit (»la nonindifférance«) ist ein häufig verwendeter Begriff von E. Lévinas. Über den Glauben als über die »Nichtgleichgültigkeit«, resp. die religiöse Erziehung als die »Erziehung zur Nichtgleichgültigkeit« siehe Svobodová, Z., Nelhostejnost (Nichtgleichgültigkeit) – Črty k (ne) náboženské výchově, Praha: Malvern 2005. (Der Titel ihrer anregenden Studie inspirierte auch den tschechischen Original-Untertitel des vorliegenden Buches: Spiritualität der Nichtgleichgültigkeit).

<sup></sup>⁵ In diesem Sinn schreibt Luther: »Dieser Mensch (Jesus) erschuf die Stern; Gott schreit in der Wiege; der Mensch (Jesus), der an der Mutterbrust saugt, ist Schöpfer und Herr der Engel: der alles erschuf, liegt in der Krippe.« (Zitat nach Meessen, F., Unveränderlichkeit und Menschwerdung Gottes. Eine theologiegeschichtlich-systematische Untersuchung, Freiburg i. Br.: Herder 1989, S. 48).

⁶ Mk 15, 34. Das Gewicht dieser Worte können wir nicht einmal dadurch abschwächen, dass wir darauf hinweisen, dass es sich um ein Zitat aus Psalm 22 handele, der doch schließlich »optimistisch« enden würde.

⁷ Vgl. 2 Kor 5, 21; Gal 3, 13; Röm 8, 3.

⁸ Vgl. Chesterton, G. K., Ortodoxie, Praha: Nakladatelství Akademie věd České republiky 2000, S. 121 – neuere deutsche Ausgabe z. B.: Frankfurt am Main: Eichborn 2000.

# 4. Der Vorhang reißt entzwei

Dem Evangelium gemäß zerriss im Augenblick des Todes Jesu der Vorhang des Tempels[1] und es öffnete sich die Nacktheit, die Finsternis und die Leere des Zentralheiligtums des Tempels von Jerusalem. Die geöffneten und leeren Tabernakel der katholischen Kirchen am Karsamstag erinnern an diese beiden tief miteinander verbundenen Symbole – das entblößte Zentralheiligtum des Tempels und das Herz Jesu, geöffnet durch die Lanze des römischen Hauptmanns.

Auch das Herz Jesu ist jetzt leer – gemäß dem Evangelium des Johannes flossen Blut und Wasser aus ihm, die Kommentare der Kirchenväter sehen darin die Quelle für die Sakramente der Taufe und der Eucharistie[2] –, der leidende göttliche Diener »entäußerte sich selbst«[3]. Seine Offenheit und seine Leere drücken, wie die Leere des allerheiligsten Heiligtums, jene geheimnisvolle Durchdringung von Leere und Fülle aus, die seit Jahrtausenden die Mystiker nicht nur der westlichen, sondern vor allem der östlichen geistlichen Wege fasziniert.

Das Durchbohren des Herzens und das Zerreißen des Vorhangs (der Hebräerbrief spricht vom Vorhang des Körpers)[4] bedeuten zugleich das Niederreißen der Mauer der Feindschaft zwischen Gott und den Menschen und zwischen den Menschen untereinander. Auf jenem »neuen und lebendigen Weg in das Zentralheiligtum« werden von nun an über die Grenzen von Nationen, Kulturen und Sprachen hinweg alle *gemeinsam* zum gemeinsamen Vater eingehen können, die sich auf den Weg dorthin machen, wohin die Arme des Gekreuzigten zeigen. *Er ist unser Friede*[5] (schalom) und unsere Versöhnung, wird Paulus nicht müde zu wiederholen; jetzt gibt es kein »wir« und »sie« mehr. Der kroatische protestantische Theologe Miroslav Volf schrieb über diesen geöffneten Raum am Kreuz: »Im tiefsten Wesen des Golgota-Kreuzes ist der Willen Christi zu erkennen, niemanden in der Situation zu lassen, in der er Feind bleibt, und in sich selbst einen Raum zu öffnen, in den der Gegner eintreten kann. Wenn wir das Kreuz als den Höhepunkt jener langen Geschichte des göttlichen Handelns mit der Menschheit sehen, spricht es davon, dass die Menschheit Gott gehört trotz ihrer offensichtlichen Feindschaft ihm gegenüber. [...] Im Kreuz gibt Gott sich selbst auf, damit er die Menschheit nicht aufgeben muss; es ist die Konsequenz der Sehnsucht Gottes, die Macht der Feindschaft der Menschen ohne Gewalt zu brechen und die menschlichen Wesen in sein eigenes Sein aufzunehmen. [...] Die Arme des Gekreuzigten sind geöffnet und sind selbst ein Zeichen des Raumes im Sein Gottes – und die Einladung an die Feinde einzutreten.«[6]

Das Zerreißen des Tempelvorhangs wurde als Erfüllung wahrgenommen, als Abschluss »des alten Bundes« und seine Ersetzung *durch den neuen und ewigen Bund*, geschlossen mit dem Blut des Kreuzes Jesu. Der ursprüngliche Bund Gottes des Herrn mit einem auserwählten Volk ist also durch die neue Offenheit des göttlichen Herzens überwunden; von jetzt an ist er auf alle Nationen ausgeweitet, er gilt für alle Menschen.[7] Jesus erfüllte sowohl die Bestimmung des Tempels als auch des Hohen Priesters als auch der Tempelopfer – Er selbst ist der einzige und definitive Hohe Priester, schon jetzt der einzige und ausschließliche Vermittler zwischen Gott und den Menschen; Er selbst ist der wirkliche und lebendige Tempel; Er selbst ist das Opfer, das erfüllt, ersetzt und dadurch alle bisherigen Opferrituale aufhebt:[8] Nicht durch das Blut der Böcke und der Kälber, sondern »auf dem neuen und lebendigen Weg«, den uns Christus mit seinem eigenen Blut eröffnete, »durch das Wegziehen des Vorhangs – das heißt durch das Darbringen seines Körpers«, können wir jetzt ohne Distanz zu Gott hintreten.[9] So haben es schon die ersten Generationen von Christen verstanden, und dieses Verständnis finden wir auch in den Briefen des Neuen Testaments, insbesondere in der Theologie des Hebräerbriefes.

In den Tempelvorhang waren angeblich Gestirne und Sternbilder eingewoben, der Vorhang war das Symbol des Kosmos.[10] Das Zerreißen des Vorhangs (und das Durchbohren des Herzens Jesu) gewinnt also eine weitere Bedeutung: Es deutet das kosmische Ausmaß des erlösenden Opfers Jesu an. Die Philosophen der goldenen Zeit der späten deutschen Metaphysik, Schelling und insbesondere Hegel, haben über die Bedeutung des Kreuzes und »des Todes Gottes« für die Geschichte des absoluten Geistes geschrieben, der die ganze Geschichte der Natur und der Menschheit umfasst; österliche Hymnen im Brevier besangen schon Jahrhunderte zuvor das Blut, mit dem selbst die Sterne reingewaschen werden.

Wenn der Priester zu Beginn der Liturgie der Ostervigil die Osterkerze weiht und fünf vergoldete Weihrauchkörner in sie einsetzt, *das Symbol der fünf verwandelten und heilenden Wunden Christi*, bevor er betet: »Durch seine heiligen Wunden, die leuchten in Herrlichkeit, behüte uns und bewahre uns, Christus, der Herr«, ritzt er in den Körper der Kerze mit diesen Körnern den ersten und letzten Buchstaben des griechischen Alphabetes ein und erinnert so an diese kosmische, Zeit und Raum umfassende Größe des Auferstandenen: *Christus, gestern und heute, Anfang und Ende, Alpha und Omega, Sein ist die Zeit und die Ewigkeit ...*

\* \* \*

Jahrhundertelang haben die Christen offensichtlich ziemlich wenig daran gedacht, wie jene Mystik des zerrissenen Vorhangs ihre älteren Brüder und Schwestern im Glauben, die Juden, verletzen musste. Denn bedeutet das Zerreißen des Vorhangs nicht, dass das Judentum ungültig wird – und lässt sich aus diesem Gedanken nicht der Schluss ziehen, dass die Juden als Juden (wenn sie nicht zum Christentum konvertieren) hier eigentlich *nicht mehr sein sollten*? Und ist es nicht von diesem (zum Glück meistens nicht zu Ende gedachten oder zu Ende gesprochenen) Gedanken nur noch ein Schritt zu jener Passivität, mit der viele Christen zuschauten (oder ihr Gesicht abwendeten), als das kämpferische antijüdische und antichristliche Neuheidentum des Nationalsozialismus wirklich jene »Endlösung« zu realisieren suchte – die Auslöschung der Juden und des Judentums aus der Geschichte? Denn gab es hier nicht auch solche Christen, die im Holocaust (genauso wie fast zwanzig Jahrhunderte zuvor in der Zerstörung des Tempels von Jerusalem durch die Römer) sogar die Worte der jüdischen Kläger vor dem Gericht des Pilatus verdientermaßen in Erfüllung gehen sahen, die im Matthäus-Evangelium aufgezeichnet sind: »Sein Blut komme über uns und unsere Söhne«?

Wenn wir Katholiken heute (gerade auch in Tschechien) von vielen Seiten hören, wie man der *heutigen* Kirche die wirklich begangenen oder aber durch aufklärerische oder marxistische Historiker ausgedachten oder aufgebauschten Sünden der mittelalterlichen Kirche vorwirft, und uns wundern, dass es den Menschen um uns herum nicht absurd vorkommt, uns etwas zuzuschreiben, womit wir, die heutigen Christen, wirklich nichts zu tun haben – wie viele von uns wären im Mittelalter wahrscheinlich eher Opfer der Inquisition gewesen als Inquisitoren oder Henker –, dann sollten wir uns daran erinnern, dass es noch vor wenigen Generationen vielen Christen normal vorkam, diese, die Geschichte ignorierende, absurde Voraussetzung der »Kollektivschuld« auf die Juden anzuwenden. Musste es wirklich erst zum nationalsozialistischen Holocaust kommen, damit die päpstlichen Dokumente klar deklarieren, dass die Verantwortung für die angebliche Verhandlung des Hohen Rats vor zweitausend Jahren nicht dem jüdischen Volk als Ganzem – weder zur Zeit Jesu, und schon gar nicht erst heute – zugeschrieben werden kann?

Einer der herausragenden Vertreter der katholischen »Theologie nach Auschwitz«, Johann B. Metz, erinnert in einem seiner Artikel an die Darstellung der Synagoge als einer gebrochenen Frau mit verbundenen Augen neben einer Frau mit triumphierend erhobenem Kopf, die die Kirche symbolisiert. Das Motiv der zwei Frauen, der Kirche und der Synagoge, wobei die Synagoge – mit dem Hinweis auf den paulinischen Text über die Hülle auf dem Herzen der Juden, die Christus nicht angenommen haben[11] – mit verdeckten Augen dargestellt ist, findet sich nicht nur am Portal der Kathedrale in Bamberg, das Metz vor Augen hat, sondern ist an den Portalen gotischer Kathedralen ein häufiges und beliebtes Motiv. Metz stellt sich aber die Frage: *Was sahen die verbundenen Augen wohl alles?*[12]

Wenn die junge Kirche im zweiten Jahrhundert nach Christus definitiv gegen den Häretiker Markion entschieden hat, dass sie die hebräische Bibel für immer als einen untrennbaren Bestandteil ihrer Heiligen Schrift ehren wird, sollten wir uns auch deshalb dazu verpflichtet fühlen, dass *das Gedächtnis der Juden* – von Abraham bis heute, einschließlich der Wunden, die von den Christen verursacht oder zugelassen wurden – auch ein heiliger Bestandteil unseres Gedächtnisses sein muss. Wenn wir im Credo unseren Glauben in der »Gemeinschaft der Heiligen« (communio sanctorum) bekennen, dürfen wir aus diesem Glauben nicht »die erste Liebe Gottes«, Israel, ausschließen und vernachlässigen. Ja, unsere »Solidarität mit den Opfern«, zu der uns nach Metz gerade der Schrei Jesu am Kreuz verpflichtet, muss nicht nur die einschließen, die ein Kreuz an der Brust tragen, sondern auch die, die dort den Davidstern trugen.

Metz erinnert an die Aussage über Israel als eine »Landschaft aus Schreien«[13]. Statt dem Volk tröstliche und den Schmerz »erklärende« Mythen vorzulegen (die wir reichlich in der Mythologie der benachbarten Nationen finden können), lassen der Psalmist und die Propheten die Stimmen der Leidenden vor Gott erschallen, lassen sie bis zum Gericht der endgültigen, eschatologischen Gerechtigkeit, gegebenenfalls (was eigentlich das Gleiche ist) bis zur Stunde der Ankunft des Messias rufen. Die christliche Botschaft von der Auferstehung begreift er auch als die Zusage, dass Gott im Schmerzensschrei seinen Sohn erhörte und die Klagen aller annahm, denen in der Geschichte, die »von den Siegern geschrieben wurde«, jede Stimme aberkannt wurde; deshalb beschwört Metz die Christen, dass in ihrer Verkündigung der Auferstehung noch der Schrei des Auferstandenen zu hören sein möge, weil andernfalls die Verkündigung nur eine »Mythologie über den Sieger« wiedergeben würde – und nicht die christliche Theologie des Kreuzes.

* * *

Da wir in der Meditation über das »Gottesgrab« bis hin zu diesen Überlegungen über Israel gelangt sind, stellt sich die Frage, ob im »jüdischen Gedächtnis« und in der jüdischen Theologie das Motiv des »göttlichen Schweigens« und der Abwesenheit Gottes zu finden ist, welches das christliche Erleben des Karsamstags durchzieht.

Als ich zum ersten Mal an der Westmauer, der »Klagemauer« des Tempels von Jerusalem stand, den die Römer im Jahre 70 nach Christus niederrissen, wurde mir bewusst, wie dieses einzigartige »Denkmal« dem »Gottesgrab« des Karsamstags ähnelt und wie es sogar auf gewisse Art – im Geist einer »negativen (apophatischen) Theologie« – das Wesen der religiösen Metapher und der Symbolik überhaupt offenbart: Dieser Ort ist nämlich dadurch heilig, dass *er darauf verweist, was hier nicht ist* – und er ermög-

licht es, hier sowohl die schmerzliche Abwesenheit des An-
wesenden als auch die tröstende geheimnisvolle Anwesenheit des Abwesenden zu erleben.

Die »Verborgenheit Gottes« war seit jeher ein Thema
des jüdischen Denkens, insbesondere der jüdischen Mystik,
der *Kabbala*. Vielleicht können wir den Ausdruck der Verborgenheit Gottes auch mit dem kabbalistischen Gedanken
der »Selbstkontraktion« Gottes vergleichen.[14] Gott ist all-
gegenwärtig, und deshalb musste er bei der Erschaffung
der Welt und des Menschen im Inneren seines Selbst einen
Raum für die Welt schaffen. Als ein weiteres Motiv der Verborgenheit kann man auch den Gedanken anführen, dass
der Ruhm Gottes (schechina) das Gottesvolk auch im Exil
verborgen begleitet. Dieses göttliche Exil verbinden die Juden mit harten Augenblicken ihrer Geschichte – der Ruhm
Gottes leidet mit den Juden während der Sklavenjahre in
Ägypten und teilt mit ihnen dann auch die Qual während
der Wanderung durch die Wüste, er geht zusammen mit
den vertriebenen Juden nach Babylon, zusammen mit ihnen
teilt er den Verlust der Heimat und die Zerstreuung unter
die Völker. Die größte Entwicklung der Kabbala hängt übrigens mit einer dunklen Stunde der mittelalterlichen Geschichte der Juden zusammen, mit ihrer Vertreibung aus
Spanien; die jüdischen Gelehrten im palästinischen Safed
suchten in dieser Lehre sicherlich auch Antworten auf diese
Ereignisse.

Die jüdische »Theologie nach Auschwitz« – nach dieser
grauenhaften Erfahrung des »Schweigens Gottes« und der
Abwesenheit Gottes, mit seinem Nicht-Eingreifen – belebte
dieses uralte Motiv wieder: Nach Hans Jonas[15] gab Gott ei-

nes seiner Attribute, seine Allmacht, auf. In Auschwitz war er in denen anwesend, die nicht einmal dort zu beten aufhörten oder ihn wie Hiob zum Gericht riefen. Heute ist er in der Welt daher nur noch durch das Gebet anwesend, durch die Hoffnung und die Treue seiner Bekenner, durch ihre Antworten auf sein Wort; aber dieses Wort kann man erst dann vernehmen, wenn man zu einem Hörenden wird.

Die Worte Elie Wiesels, der in seinen Romanen und Reflexionen ständig auf den religiösen Sinn seiner eigenen Erfahrung von Auschwitz zurückkommt (um immer mit dem Bekenntnis zu enden, dass er das *nicht begreifen kann*), klingen vertraut und inspirierend auch für einen Christen, der über das Ringen Jesu in Getsemani nachdenkt, über seinen Schrei am Kreuz und über das Schweigen Gottes, das Schweigen des Karsamstags (und über alles, was diese österlichen Motive vorzeichnen und symbolisieren). »Ich glaube nicht, dass wir (nach Auschwitz) *über* Gott reden können, wir können nur – wie es Kafka sagte – *zu* Gott reden«, schreibt Wiesel. »Selbst wenn ich *gegen* ihn spreche, spreche ich immer zu ihm. Und selbst wenn ich einen Zorn auf Gott habe, versuche ich ihm meinen Zorn zu zeigen, aber genau darin liegt ein Bekenntnis zu Gott, nicht eine Negation Gottes.«[16] Und einer der Kommentatoren des Werkes von Wiesel bemerkt: »Mit Gott zu kämpfen bedeutet, ihm höchste Anerkennung zu zollen: Man nimmt Gott ernst. [...] Gleichgültigkeit gegen Gott bedeutet eine Beleidigung Gottes. Man verhält sich, als ob Gott keinerlei bedeutsame Rolle spielte. [...] Es gibt genügend bedeutsame Ereignisse, die *den Schrei, der zum Gebet* wird, rechtfertigen. Solange ein offenkundiges Übel in dieser Welt besteht, ist der Schrei aus moralischen Gründen notwendig. [...] In Verteidigung der Schöpfung, im Namen der Menschlichkeit – selbst im Interesse Gottes ist der Kampf des Menschen mit Gott gerechtfertigt.«[17]

Auch wenn der Tempelvorhang entzweiriss, auch wenn der Tempel ausgebrannt und niedergerissen ist, auch wenn Gott schweigt – der Mensch (nicht nur in seinem hingebenden Gehorsam, sondern auch in seinem Fragen und seinem Zorn) bleibt Gott gegenüber nicht gleichgültig.

\* \* \*

Der Gott, von dem die Bibel spricht, erscheint in seinem Werk, in seiner Schöpfung und insbesondere in der Menschwerdung seines Sohnes; trotzdem bleibt – wie die großen christliche Theologen betonen – das, was Gott »in sich selbst« ist und »wie Gott *ist*« (was das Verb »sein« bedeutet, wenn es auf das Sein Gottes bezogen ist), für uns ein unbegreifliches Geheimnis. Diese Verborgenheit Gottes betonte auch die christliche *negative Theologie*.

In dieser Tradition schrieb Meister Eckhart: »Gott, den es gibt, gibt es nicht.« Das bedeutet: Gott *ist nicht* »ein Sein« inmitten von anderen Seienden der Welt – in dieser Welt der gegenständlichen Seienden ist Gott vielmehr »ein Nichts« – und du, Mensch, musst auch »ein Nichts« werden (dich auf *nichts* in dieser Welt fixieren und dich *mit nichts* ganz identifizieren, »arm« bleiben – d. h. *innerlich frei*), wenn du Ihm begegnen möchtest (»wie ein Nackter dem Nackten«). Nur in dieser deiner »Nichtigkeit« (der Armut, der Freiheit) kannst du »Gott gleich« sein.

Martin Luther, der in vielem an diese negative Theologie anknüpft, verband den Gedanken der totalen Verborgenheit und Unzugänglichkeit Gottes mit seiner »Kreuzestheologie«, die die Lehre des heiligen Paulus radikal zu Ende denkt. Gott erscheint *unter seinem Gegenteil (sub contrario)*, er ist verborgen in den Paradoxa. Das verborgene Wesen Gottes zu suchen – seine Kraft, Göttlichkeit, Güte – führt zu nichts, ist eine (vergebliche) Mühe der Philosophen und (falschen) »glänzenden Theologen«. Man sollte sich nicht auf die Vernunft, auf die Philosophie verlassen (genauso wenig wie auf seine Taten, Verdienste und seinen guten Willen) – denn das sind nur Irrlichter des Teufels auf dem Weg zu Gott. Ein wirklich christlicher Theologe ist nur *ein Theologe des Kreuzes* – der weiß, dass es keinen anderen Weg zur Erkenntnis Gottes gibt als durch jene göttliche Kraft hindurch, die in der Schwäche, Erniedrigung und Ohnmacht des Gekreuzigten verborgen ist; als durch jene Schönheit Gottes hindurch, die in der grausamen Entstelltheit seiner Wunden verborgen ist; als durch jene Gerechtigkeit Gottes hindurch, die in dem erscheint, der für uns zur Sünde wurde: Der Weg zur zärtlichen und barmherzigen Liebe Gottes führt nur durch ihre Verborgenheit in dem grausamen Drama von Ostern hindurch. Die Begegnung mit Gott »geschieht fast immer dort, dann und in der Weise, und durch einen solchen Menschen, durch den wir, wo wir und wie wir es nicht für möglich halten. [...] Denn er ist nahe bei uns und in uns, freilich nur in fremder Gestalt, nicht im Glanz der Herrlichkeit, sondern in Niedrigkeit und Sanftmut, so dass man meinen möchte, er sei es nicht; aber er ist es wahrhaftig.«[18] Neuplatonische und scholastische Bemühungen über Gott aus der Perspektive der Ewigkeit zu sprechen, *sub specie aeternitatis*, müssen wir nach Luther mit dem Blick auf Gott *sub specie temporis*, aus unserer menschlichen Perspektive, ersetzen. »Den Gott in seiner Majestät und seinem Wesen« müssen wir sein lassen, weil wir mit so einem Gott nichts zu tun haben; uns ist nur der *Deus humanus* gegeben, der sich in Christus und seinem Kreuz offenbart. Gerade dieser »Deus humanus« steht aber in völligem Gegensatz zu den frommen Vorstellungen und Wünschen unserer Vernunft.

Der lutherische, sich verbergende Gott hat auch ein schreckenerregendes Gesicht, er steht hinter allem, »was geschieht, auch hinter dem Schrecklichsten und Fürchterlichsten, hinter all den Sinnlosigkeiten der Geschichte«. Er nimmt »die Maske des Teufels« auf sich und kann »in die völlige Abwesenheit entschwinden. [...] Gegen diesen Deus absconditus muss der Mensch beim Deus revelatus Zuflucht suchen, vor Gott zu Gott fliehen [...].«[19]

Solch einen verborgenen und überraschenden Gott zu entdecken, die skandalöse und törichten Aussage zu bejahen, dass der Gekreuzigte und Verdammte wieder lebt und die Ursache des Heils ist, dazu reicht jede Vernunft nicht weit genug; das schafft nur der Mut und die Gnade des Glaubens. Der Mensch gelangt nicht zum reinen »Gott über sich«, *zum nackten Gott* (Deus nudus); die Bemühungen der Metaphysiker, das göttliche Wesen abstrakt zu erfassen, legen eher die menschliche Kleinheit und Nacktheit (homo nudus) frei, sofern sie nicht direkt in den Rachen des Teufels führen. Gott ist *für uns* nur der *Deus humanus*.

Ähnlich macht es keinen Sinn über die »Naturen« Christi zu spekulieren, sondern über sein Sein *für uns*, über seine Wohltaten (*beneficia Christi*), mit denen er sich bekleidet. Mit dem Mantel des Blutes Christi bekleidet uns Gott, unsere Sündhaftigkeit und Nacktheit, wie mit einem Mantel der Gerechtigkeit und erklärt uns für gerecht. Jeder Christ ist jetzt aufgrund des Sieges Christi über den Tod, der der Tod des Todes ist (*mors mortis*), *zugleich* Sünder und Gerechter (*simul iustus et peccator*). Der Sinn für das Paradoxon verlässt Luther in seiner Lehre über Gott und die Erlösung nicht einmal für einen Augenblick.

Selten hat wohl jemand das »Evangelium von Paulus«, den tiefsten und ursprünglichsten Beitrag des Neuen Testamentes, so scharfsinnig begriffen und so radikal zu Ende gedacht wie die Denker des Paradoxons: Luther, Pascal und Kierkegaard.

Das Kreuz ist das Gericht über alle anderen Götter und Mächte, die sich mit der Aura der Göttlichkeit schmücken und Heil bieten wollten – alle gehen wie nächtliche Trugbilder und Schatten unter, wenn sie durch das Licht des Glaubens vertrieben werden. Ich kann es mir also erlauben, alle Zweifel, alle »Religionskritik«, die ganze Wahrheit des kritischen Atheismus, die Wahrheit über »die Religion« als einer menschlichen Erfindung, die Projektion unserer Wünsche und Ängste zuzulassen, so Karl Barth, der hier Luthers Gedanken weiterdenkt. *Der Glauben*, der sich dem Wort Gottes öffnet, das uns in Jesus und seinem Kreuz anspricht und rettet, ist ihm zufolge das genaue Gegenteil einer *Religion*, die (vergebens, töricht und lästerlich) zu Gott auf der Leiter der eigenen theologischen Konstruktionen, frommen Phantasien oder anderer intellektueller oder moralischer Leistungen und Verdienste emporklettern möchte.

Die katholische Theologie wird wohl nie das Pathos dieser leidenschaftlichen protestantischen *sola* – »*allein*« (*allein* durch den Glauben, *allein* durch die Gnade, *allein* die Schrift, *allein* im Kreuz) – vollständig teilen; das katholische Prinzip ist das »*sowohl ... als auch*« (sowohl in der Schrift als auch in der Tradition, sowohl in der Gnade als auch in der Freiheit des Gewissens und des Willens, sowohl im Kreuz als auch in der Schöpfung zeigt sich uns Gott). Aber will die christliche Theologie wirklich *katholisch* sein (d. h. allgemein, das Ganze betreffend, alles umfassend), will sie wirklich dem Grundsatz der Kompatibilität der scheinbaren Gegensätze (»sowohl ... als auch«) gerecht werden, dann darf sie sich auch nicht vor diesen dramatischen Tönen fürchten, sich vor ihnen verschließen, dann muss sie vielmehr aufmerksam ihrer Tiefe und Wahrheit zuhören können. Würde man Luther aus der Gesamtheit der Tradition (vor allem aus jener, aus der er erwächst, d. h., nicht nur aus Paulus, sondern auch aus Augustinus und vor allem aus der deutschen Mystik) herausgerissen betrachten, wäre er wirklich verführerisch einseitig; wenn man ihn aber in diesem breiten Kontext wahrnimmt, ist er nicht nur ein großer Theologe, sondern auch ein zu Recht faszinierender Prediger, Dichter und Mystiker des Kreuzes, nah den spanischen Mystikern des frühen Barocks.[20]

\* \* \*

Die »Theologie nach dem Tode Gottes« der sechziger Jahre des 20. Jahrhunderts war in gewissem Sinne vor allem eine Radikalisierung der Kreuzestheologie Luthers, beziehungsweise des Motivs des »Kreuzesparadoxons«, das von Paulus über Tertullian bis Pascal und Kierkegaard vorkommt. Nietzsche war doch auch – wie einmal Dietrich von Hildebrand bemerkte – in gewissem Sinne »ein radikal protestantischer Prediger« und seine Aussage »Gott ist tot« können wir auch als einen gewissen Ausfluss der »negativen Theologie« Eckharts und der deutschen Mystiker sowie der »Kreuzestheologie« Luthers lesen. Diese »Theologie nach dem Tode Gottes« kann also ein wenig als ein zur Unzeit geborenes Kind angesehen werden; sie kam zu spät, um rechtzeitig den Handschuh aufzuheben, den Nietzsche dem Christentum zugeworfen hat, und zu früh, um den Herausforderungen unseres Zeitalters standhalten zu können, in welchem sich ein radikaler Säkularismus mit der Inflation einer aufdringlichen, billigen Religiosität und Esoterik vermischt.[21]

Ja, erst jetzt berühren wir in Europa das Geheimnis des Karsamstags wieder in seiner Tiefe: An der Oberfläche, im »öffentlichen Raum« (*naked public space*), befehlen die Inquisitoren der Political Correctness ein Grabesschweigen über Gott (*magnum silentium est in terra*, lesen wir am Karsamstag im Brevier), während »in den Tiefen« der grausame Kampf um das Wesentliche geführt wird (*mors et vita duello*).

Der Satz »Gott ist tot« scheint bei manchen Autoren nur eine radikalere Version des Gedankens der Unerreichbarkeit Gottes zu sein (und seiner Verborgenheit im Kreuz Christi), die früher Luther und einige Mystiker äußerten. Andere gehen jedoch noch weiter: Gott nahm das Menschsein auf sich, solidarisierte und identifizierte sich mit der Menschheit so weitgehend, »entäußerte sich selbst« so weit, dass er am Kreuz Christi wirklich starb – und jetzt ist er hier nur in der Gestalt der Menschheit und ihrer Geschichte zugegen, behauptet der amerikanische Theologe Thomas Altizer.

Manche Vertreter der »Theologie nach dem Tode Gottes« schlagen – wieder deutlich in den Spuren Luthers – vor, die alte Formel »Jesus ist Gott« durch eine andere zu ersetzen: »Gott ist Jesus« – Gott ist mit uns in Jesus und im »Menschsein für Andere«, wie Jesus es vorgelebt hat. Wenn »Gott abreiste« (wie wir in einer Reihe von Gleichnissen Jesu lesen), dann hat er hier seinen »Stellvertreter« – den Sohn, der sein Werk tut, *seine Rolle spielt*, seine Sache übernimmt: Er tröstet die, die Gott nicht verstehen, sättigt die, die Gott hungern ließ, schreibt Dorothee Sölle. Und dieser Stellvertreter ruft wiederum seine Stellvertreter in den Dienst als »Zeugen der Wahrheit« – uns.

Erinnern wir uns an das kontrovers diskutierte Drama Rolf Hochhuths »Der Stellvertreter«, dessen Held ein Jesuit ist, der sich in der Zeit des Zweiten Weltkrieges aus Protest gegen das Schweigen des damaligen Papstes (»des Stellvertreters Christi«) zur nationalsozialistischen Verfolgung freiwillig den Davidstern ansteckt und ins Konzentrationslager geht als »der Stellvertreter« des amtlichen Stellvertreters Christi und dadurch selbst zum wirklichen »Stellvertreter Christi« wird.[22]

Eine Interpretation des Satzes »Gott ist tot«, »Gott ist gestorben« behauptet, dass mit diesen Aussagen jene Erfahrung zum Ausdruck kommt, dass das bisherige Sprechen von Gott – ja das Wort selbst – jeglichen Sinn verloren hat. Vielleicht können wir ihn wieder entdecken – jedoch nur im Blicken auf Christus. Die alte Rede von Gott ist unverständlich und unglaubwürdig geworden: Wir haben es mit ihr nicht geschafft, die Welt und nicht einmal uns selbst angesichts von Gewalt, Lüge und Heuchelei dazu zu bewegen, das Gewissen hinreichend aufzuwecken. Stattdessen haben wir uns mit ihr zu oft beruhigt und eingelullt, wo wir hätten beunruhigen und wachrütteln sollen, zu oft haben unsere Worte jenen scharfen Salzgeschmack verloren und sind so wertlos geworden. Deshalb ist in unserer Kultur – in der Sprache unserer Zeitgenossen – »Gott gestorben«; »wir haben ihn getötet« – dadurch, dass wir seinen Namen entleerten und unglaubwürdig machten, dass wir ihn auf unsere Kriegsfahnen schrieben, als einen Werbetrick in die Reden der politischen Propaganda mit ihren eigenen Machtinteressen einschmuggelten, ihn in den Broschüren des angestrengten »Beweisens« und in den Fässern voll von bigottem Matsch der abgedroschenen sentimentalen Phrasen in den Dreck zogen.

Der einzige Ort, von wo aus das vergessene, verwundete, jetzt ängstlich verdrängte Wort Gott wieder einen Sinn gewinnen kann, ist die Geschichte Jesu. Auch wenn die ganze Welt im Schatten des »Todes Gottes« läge, ist dort immer der eine, der einzige Ort, wo Gott als lebendig erlebt werden kann: in Christus, in Jesus von Nazareth. Alles, was wir über Gott »wussten« und sagten, kann und muss sterben – wir kennen Gott nicht, außer in dem, was uns in Christus anspricht, durch ihn, mit ihm und in ihm. Die Welt hat nur deshalb einen Sinn, weil auf ihr einst Jesus schritt, ruft Bonhoeffer in den Spuren von Paulus und Luther. Alles andere erscheint mir wie Müll, wie Dreck, schrieb wortwörtlich der Apostel Paulus – ich will nur Christus kennen, und zwar als den Gekreuzigten.[23]

An die Adresse der radikalsten Theologen nach dem Tode Gottes – die sich so sehr auf das Menschsein Jesu konzentrieren, dass sie alle Gottheit, Gott Vater und die Gottheit Christi »sterben« lassen, sie dadurch auflösen, dass sie sie auf »die Chiffre der Menschlichkeit«[24] reduzieren – gerichtet, kann ich es jedoch nicht unterlassen, eine Reihe von kritischen Fragen zu stellen. Wird nicht ein derart begriffener Jesus schließlich doch zum Gegenstand einer gewissen Idolatrie, wird er nicht doch zu abstrakt und tot – wird nicht aus ihm letztlich statt des Jesus der Evangelien und des Jesus Christus der christlichen Tradition, des Glaubens und der Frömmigkeit lediglich ein beliebiges »Vorbild an Menschlichkeit«? Warum sollte gerade er dann der einzigartige »Stellvertreter Gottes auf Erden« sein? Bliebe von ihm nicht – wenn er vom Vater getrennt wird und seiner Göttlichkeit definitiv entkleidet ist – nur eine einzigartige, herausragende Persönlichkeit der Geschichte übrig?

Der christliche Glaube bekennt – im Unterschied zur Auffassung der Humanisten – Jesus Christus nicht als eine einzigartige Persönlichkeit, sondern als die einzigartige *Person* – »die Person des Sohnes«. Person ist – nach Thomas von Aquin und vielen anderen Theologen der Trinität – vor allem *eine Beziehung:* Jesus lebt in seinem tiefsten Wesen in der Beziehung und durch die Beziehung, *er ist* die Beziehung zum Vater und gleichzeitig die Beziehung mit uns und zu uns. Vor allem dies wollte offensichtlich das Dogma von Chalcedon mit seiner Lehre von den »zwei Naturen« zum Ausdruck bringen. Wollen wir auf Jesus nicht mit den Augen der Historiker schauen (denn die können uns über ihn wirklich nicht viel sagen), sondern mit dem theologischen Blick, dann werden wir ihn nur im Kontext der Trinität verstehen – in seiner Beziehung zum Vater und in seiner Beziehung zum Geist, *in welchem* er auch in uns gegenwärtig ist. Jesus betrat sicher den Abgrund der menschlichen Abgerissenheit von Gott, und dadurch – wie von der anderen Seite aus – »erlebte er den Tod Gottes«. Er bleibt jedoch nicht »Waise« – und *lässt* auch uns *nicht als Waisen zurück*[25]. Gerade das ist der Inhalt der Botschaft über die Auferstehung.

\* \* \*

Spiegelt letztendlich nicht der Atheismus selbst jene »Leere des Zentralheiligtums« wider, entblößt nach dem Zerreißen des Vorhangs, und jene totale Verlassenheit von Gott, die Jesus am Kreuz durchlebte, mehr noch als das Werk der »Theologen nach dem Tode Gottes«? In einer Reihe von Texten habe ich mich bemüht, in einem ähnlichen Geist – oft mit dem Verweis auf die Mystiker, insbesondere auf Therese von Lisieux – vom »Atheismus des Schmerzes« zu sprechen als der geheimnisvollen Teilhabe an diesem Augenblick des Karfreitags.

Eine Sache soll von vornherein klar gesagt sein: Wenn ich hier vom Atheismus spreche, habe ich natürlich den *Atheismus als Denksystem* und als eine bestimmte intellektuelle Position im Sinn; ich spreche nicht über *Menschen*, die unseren religiösen Glauben schlicht nicht teilen – solche Menschen und die Gründe, die sie dafür haben, waren, sind und werden viele sein und ich würde mir überhaupt nicht erlauben, über sie irgendein pauschales und generalisierendes Urteil zu fällen. Wenn ich von Arten des Atheismus spreche, dann begreife ich diese Arten als »ideale Typen« im Sinne Max Webers; als bestimmte Denkmodelle, denen in der konkreten Realität nichts »hundertprozentig« entspricht. Jeder Atheist hat seinen Stil des Atheismus, so wie jeder Gläubige seinen Glaubensstil hat; hinter den wörtlichen Erklärungen, die uniform sein können, versteckt sich gewöhnlich bei jedem einzelnen Menschen (insoweit er ein denkendes und fühlendes Wesen ist und nicht nur übernommene Phrasen wiederholt) eine unendliche Vielfalt von Gedanken, Vorstellungen, Phantasien, Kenntnissen, Erlebnissen und Erfahrungen, in die wir nicht einblicken (und in die er in der Regel nicht einmal selbst völlig Einblick hat).

Die Vorstellungen, Gefühle und Argumente der Atheisten sind bei weitem nicht mehr das, wovor sich Christen fürchten sollten und müssten. Gewisse Motive »der Theologie nach dem Tode Gottes« und der »Kreuzestheologie« ermöglichen es, aus einem bestimmten Typ des Atheismus (der Religionskritik) einen nützlichen Verbündeten der Theologie zu machen. Die Flamme der atheistischen Kritik hilft der Theologie, wichtige Vorarbeiten zu erledigen, um die Felder zu säubern, um zu primitive und manchmal wirklich destruktive Vorstellungen von Gott abzuflammen, die Idole zu fällen. *Cum grano salis* können wir sagen, dass die atheistische *Kritik* so zur »Dienerin der zeitgenössischen Theologie« werden kann, wenn auch in einem gewissen anderen Sinn, als die Metaphysik von der mittelalterlichen Theologie als ihre »ancilla« (Dienerin) betrachtet wurde.

Der Atheismus – als Feuer – kann jedoch »ein guter Diener, aber ein schlechter Herr« sein. So weist beispielsweise der postmoderne Philosoph Peter Sloterdijk darauf hin, dass Atheismus und Materialismus interessant waren, solange sie Kritiker der Religion, Theologie und Metaphysik waren, sie werden jedoch peinlich, wenn sie sich von ihnen lösen und aus sich selbst ein quasimetaphysisches System entwickeln (so z. B. »der wissenschaftliche Atheismus« als »wissenschaftliche Disziplin« im Rahmen der marxistisch-leninistischen Staatsdoktrin in den sozialistischen Ländern).

Wenn Vorstellungen von Gott als eines Gegenstandes weiterleben, eines Seins inmitten der Seienden, »eines Wesens« nach Art der geschaffenen Wesen, über das man streiten kann, ob es »existiert« oder »nicht existiert«, dann muss der Theologe jeden Atheismus willkommen heißen, der solche Vorstellungen vernichtet, denn *so ist Gott wirklich nicht.* Wenn jemand Gott als »ein übernatürliches Wesen« irgendwo hinter den Kulissen der Wirklichkeit schildert, dann dürfen wir diese Vorstellung ruhig in den Ofen der atheistischen Kritik werfen. Der Gott, an den wir glauben, ist nicht »hinter der Wirklichkeit«, sondern er ist die Tiefe der Wirklichkeit, ihr Geheimnis, er ist »die Wirklichkeit der Wirklichkeit«. Wenn wir für ihn die Metapher »Person« benutzen, dann nicht deshalb, weil wir in ihm etwas in der Art der geschaffenen Wesen sehen würden, sondern weil wir damit vor allem zwei Dinge zum Ausdruck bringen möchten. Erstens, dass er *ansprechbar und ansprechend* ist (dass er ansprechbar im Gebet ist und durch die Gesamtheit des Lebens und der

Wirklichkeit anspricht). Zweitens, dass er *in seinem tiefsten Wesen in Beziehung* ist. Wir glauben an den Gott, der in der Gemeinschaft der Dreifaltigkeit lebt – das heißt, dass er Vater in der Beziehung zum Sohn ist und dass er durch den Sohn und den Geist wesentlich in Beziehung zu uns Menschen ist. Das Christentum behauptet, dass Gott nicht Gott ist ohne Beziehung und jenseits der Beziehung zu den Menschen, und der Mensch nicht ganz der Mensch ist ohne Beziehung und jenseits der Beziehung zu Gott (und dass er in einer Beziehung zu Gott auch dann ist, wenn er sich dieser Beziehung nicht bewusst ist, »nicht an ihn glaubt«, ihn nicht so nennt, wie ihn die Christen nennen). Gott hat auch mit jedem »Atheisten« seine Geschichte.

Wenn der Atheismus wirklich ein konsequenter Atheismus sein will und den Menschen seiner wesentlichen Beziehung zum Grund und zur Tiefe der Wirklichkeit entkleiden wollte, zur Wirklichkeit und zum Geheimnis auch seines eigenen Lebens; wenn er ihn dessen entkleiden wollte aus dem, was den Menschen radikal übersteigt (also dessen, was der Glaube mit dem Wort »Gott« bezeichnet), würde er einen »toten«, völlig abstrakten, irrealen Menschen bekommen. Der Mensch, ganz entleert in der Beziehung zum Transzendenten, *existiert* (zum Glück) de facto *nicht*. Es ist derselbe Gedanke wie »der Gott hinter den Kulissen« der Wirklichkeit, der Welt und der Geschichte.

Ein konsequenter Atheismus, der »Gott verpassen« würde, würde in Wirklichkeit *den Menschen verfehlen*.[26]

\* \* \*

Als Mitte der neunziger Jahre der Vatikan den Päpstlichen Rat für den Dialog mit den Ungläubigen auflöste (da er ihn offenbar für bereits überflüssig hielt), hielt ich das für eine etwas übereilte und unangebrachte triumphalistische Geste, höchstwahrscheinlich hervorgerufen durch den unerwartet schnellen Fall der politischen Systeme in Osteuropa, die sich einem Staatsatheismus verpflichtet fühlten. Heute nehme ich jedoch immer mehr wahr, dass der klassische Atheismus insofern den Boden unter den Füßen und den Wind in seinen Segeln verloren hat, als die zeitgenössische Theologie begriff, dass man tatsächlich nicht mehr nur mit Denkmodellen der klassischen Metaphysik operieren kann, und manche berechtigte Kritik der Atheisten an gewissen Formen der Religion ernst nahm. Vielmehr hat die christliche Spiritualität den Glauben als *einen Weg* begriffen, auf dem auch die Krise und die »dunklen Nächte« des Glaubens ihren Platz haben. Auch ich habe mich vom Studium des Atheismus eher hin zum Dialog mit den nicht-christlichen Religionen und mit dem zeitgenössischen philosophischen Denken bewegt, wo ich vitalere und perspektivenreichere Anstöße vermute. Ein Nachfolger des aufklärerischen Atheismus ist der massiv das öffentliche Leben beeinflussende radikale Säkularismus. Dieser ist jedoch eher ein politisches und psychologisches Problem; denkerisch bietet diese Abart des Liberalismus für die theologische und philosophische Kritik jedoch nichts Interessantes. Ebenso kommt mir das gegenwärtige Streiten der Kreationisten mit den szientistischen Neo-Darwinisten als ein tragikomisches, auswegloses Herumzanken der Blinden mit den Tauben vor, und es tut mir nur leid, dass weder die einen noch die anderen gelernt haben, *philosophisch zu den-*

*ken.* Ich bedauere die biblischen Fundamentalisten, weil sie sich an der oberflächlichen, »wortwörtlichen« Auslegung des biblischen Textes festklammern und ihnen deshalb seine wirkliche Tiefe und der Reichtum seiner Bedeutungen verborgen bleibt. Und wenn ich auf der anderen Seite all das zusammenzähle, was diejenigen *glauben müssen*, die an die Schöpfung und den Schöpfer nicht glauben wollen, wenn ich sehe, wie sie gequält und auf abenteuerliche Weise den Zufall und die natürliche Selektion mit göttlichen Eigenschaften und den Attributen der Vorsehung ausstatten müssen, kommt mir die »Hypothese der Schöpfung« viel vernünftiger, logischer und natürlicher vor.

Sowohl der derart durchschaubare Gott der fundamentalistischen Kreationisten, der in sechs Tagen mit seinem Werk fertig ist, als auch der vergöttlichte blinde Zufall, der zu früh mit den neugierigen Fragen nach einem tieferen Sinn dieses Geschehens fertig ist, stellen für mich zwei äußerst unattraktive Gegenstände des Glaubens und der Anbetung dar. Ich verstehe nicht, warum die Evolutionsbiologie und die gesamte kritische wissenschaftliche Rationalität, sofern *sie in der Lage ist, auch sich selbst gegenüber kritisch zu sein* und ihre Grenzen zu reflektieren, nach der Überwindung längst vergangener unglücklicher Konflikte schon wieder in Widerspruch zur religiösen Verehrung *des letzten Geheimnisses des Daseins* geraten sollte. Dies ist mir besonders deshalb unverständlich, weil die heutige theologische Hermeneutik in der Form einer intelligenten Interpretation von jenem Geheimnis spricht und sich gerade nicht um einen »Beweis« bemüht, durch den sie letztendlich das Geheimnis selbst entleeren und entwerten würde.

Ich kann dem Atheismus des Schmerzes (»ich kann nicht glauben, auch wenn ich es gerne würde, wegen all des Schmerzes in der Welt«), dem Atheismus des Protestes und des Kampfes mit Gott (von Hiob bis Nietzsche), dem »Atheismus (oder eher Agnostizismus) der Scheu« (der die Sprache der Religion ablehnt, weil er zögert, das letzte Geheimnis des Lebens auf irgendeine Weise zu benennen) große Achtung entgegenbringen und sie nicht nur als »Diener« wahrnehmen, sondern als Partner des Glaubens und der Theologie. Aber ich kann mir nicht helfen: Alle diese interessanten Spielarten des Atheismus waren nur in einer spannungsreichen Beziehung zu einem bestimmten Typus des Glaubens wirklich interessant. Der Atheismus war nicht nur interessant, sondern auch brauchbar und in seiner kritischen Gestalt *als Gegenspieler eines bestimmten Typus von Religion* wahrscheinlich sogar notwendig. Er war und ist so lange zu gebrauchen (und nur insofern), wie jener problematische Typus von Religion (z. B. eine mit der politischen Macht verbundene Religion) bedeutsam ist. Ist der Atheismus jedoch auch in der Lage, nicht nur niederzureißen und zu zertrümmern, sondern auch *alleine aus sich heraus* etwas Wertvolles aufzubauen?

Mit dem Ermüden seines Opponenten – zumindest in der aufgeklärten westlichen Welt – muss sich der einsame (und deshalb zunehmend verrohte) Atheismus entweder irgendeinen neuen Gegner ausdenken (darin ähnelt er übrigens seinem Zwilling, dem religiösen Fundamentalismus), oder er verwandelt sich selbst allmählich in eine Pseudoreligion – und kopiert dann oft erstaunlich früh die Fehler (und manchmal auch die Verbrechen) gerade des Typus von Religion, den er hartnäckig bekämpfte. Ganz offensichtlich war dies im Jakobinismus und auch im Bolschewismus der Fall. Es stellt sich daher die Frage, wie sich wohl jene Bemühungen weiter entwickeln werden, deren eifrige Protagonisten heute an vielen Orten versuchen, die radikale Entchristlichung der gegenwärtigen westlichen Gesellschaft weiter voranzutreiben.

Wenn die heutigen Inquisitoren der Political Correctness an Weihnachten aus einer heuchlerischen Sorge heraus anordnen, vom Platz einer englischen oder amerikanischen Stadt die Krippe zu entfernen, weil diese die Gefühle der Muslime und anderer Minderheiten beleidigen könnte, können es sich zum Glück zumindest die muslimischen Händler erlauben, sie in ihren Schaufenstern auszustellen. Denn die Verehrung Jesu – von dessen Geburt aus der Jungfrau Maria der Koran mit großer Hochachtung spricht – verletzt sie in Wirklichkeit nicht im Geringsten; dagegen erfüllt unsere nach außen unterwürfige und nach innen aggressive geistliche Selbstkastration viele Muslime mit Verachtung.

Woher rührt jene Angst der nachchristlichen Gesellschaft vor dem Kreuz und anderen Symbolen des christlichen Glaubens, wenn sie schon längst keine Symbole der Macht mehr sind, die die Freiheit bedrohen würden, und dies auch nicht mehr sein können? Christliche Fundamentalisten, die übrigens gerade dieser Fanatismus des extremen säkularistischen Fundamentalismus wunderbar am Leben hält und ihnen einen Schein von Legitimität verleiht, sehen hinter diesen Bemühungen gerne finstere Verschwörungen geheimer Gesellschaften (der Freimaurer und neuerdings der New Age-Bewegung u. a., die besonders in den Texten der »Charismatiker« auftauchen) am Werk. Ich befürchte, dass diese Bemühungen in Wirklichkeit noch weitaus tiefer wurzeln, als jene paranoiden Theorien von einer allgegenwärtigen Verschwörung blicken können – nämlich in bestimmten Abgründen des menschlichen Herzens, wohin die befreiende Macht des Gekreuzigten, über dessen Gang durch das Reich der Finsternis die Kirche am Karsamstag nachsinnt, bisher nicht gelangt ist.

Angesichts des heraufziehenden Nationalsozialismus sprach C. G. Jung davon, dass große Teile Europas offensichtlich nicht wirklich und nicht tiefgehend genug christianisiert worden seien, als wäre bei bestimmten großen Gruppen das Taufwasser an der Oberfläche nur abgeperlt, denn anders ließe es sich kaum erklären, warum aus der Tiefe ihres »kollektiven Unbewussten« so schnell und so einfach wieder die Ströme der alten Barbarei entspringen konnten. Und hat sich seit dieser Zeit auf diesem Gebiet irgendeine wirkliche Veränderung vollzogen? Sollten wir nicht jene Aufforderung von Johannes Paul II. zur »Neuevangelisierung Europas«, die von seinen Gegnern als romantischer Traum einer neuen Reconquista ins Lächerliche gezogen und von manchen seiner Anhänger als eine Aufforderung zur eifrigen religiösen Agitation im Stil der Erweckungs-Sekten diskreditiert wurde, in Wirklichkeit nicht ganz anders begreifen? Als eine Aufforderung zu einem wirklich *neuen*, vielleicht stilleren, langsameren, jedoch vor allem *viel tieferen* Hineintragen der therapeutischen Kraft des Evangeliums mitten in das Herz unserer Kultur, auch in ihre »dunklen Winkel«?

In einem meiner früheren Bücher habe ich darüber nachgedacht, ob wir nicht nur von der »creatio continua« (dem sich ständig fortsetzenden und entwickelnden Werk der Schöpfung), sondern auch von der »resurrectio continua« sprechen sollten. D. h., von der Auferstehung als einer Handlung, die in der Perspektive Gottes schon siegreich und definitiv vollendet ist, die jedoch in unserer menschlichen geschichtlichen Perspektive, in den Tiefen der Geschichte und der menschlichen Herzen, ständig fortgesetzt wird. Und wenn es unsere Aufgabe ist, die Botschaft vom Sieg Christi in alle Ecken der Welt zu bringen, sollten wir uns dann nicht bemühen, diese Botschaft geduldig auch in jene merkwürdig abgeschlossenen Ecken unseres menschlichen Naturells und unserer Kultur hineinzutragen, in die kein Licht fällt, statt lärmend auf den Straßen zu missionieren?

Vielleicht sind wir uns bisher nicht ganz der wunderbaren Chance bewusst, die sich uns in einer Zeit bietet, in der das Christentum aus unserer Kultur als deren *selbstverständlicher* Rahmen entschwindet, als »die Religion«, d. h. als eine Angelegenheit der Tradition, Autorität, Gemeinschaft, als ein überliefertes Gut. Über viele Jahrhunderte hinweg, als das Christentum in der europäischen Gesellschaft noch prägend war, brachte es zwar kulturell und sozial viel Gutes, und dennoch sind Millionen von Christen offensichtlich um etwas gebracht worden, was dem christlichen Glauben wesentlich ist, nämlich um die Erfahrung der Umkehr, der *metanoia*: Umkehr nicht im Sinne einer Konversion als des Übergangs vom Unglauben zum Glauben oder von einer Konfession zu einer anderen, sondern verstanden als *eine Verwandlung des Lebens*, zu der Jesus von Nazareth (in den Spuren der Propheten) ununterbrochen aufforderte.

Wir wissen aus den Viten der Heiligen (denken wir an Augustinus, Franz von Assisi, Ignatius von Loyola, Teresa von Ávila und unzählige andere), dass sie eine solche Konversion, eine für sie selbst meistens unerwartete, überraschende Wende, wirklich erlebten (und zwar nach und trotz aller religiösen Erziehung, die sie erhielten, und inmitten »der christlichen Gesellschaft«) – und eine solche Erfahrung blieb sicher nicht nur denen vorbehalten, die die Kirche selig- oder heiliggesprochen hat. Nichtsdestoweniger können wir uns beim sorgfältigen Blick in die Geschichte nicht vom Verdacht frei machen, dass bei Millionen von guten Menschen, die sich zur *christlichen Religion* (sicher meistens aufrichtig und nicht heuchlerisch) bekannten und sie praktizierten, die Ruhe dieser Religion, dieses Systems von bewährten Regeln, Ritualen und Bräuchen, nie durch die Geburt *des Glaubens* als einer freien und persönlichen Antwort auf eine persönlich wahrgenommene göttliche Berufung gestört wurde.

Vielleicht ist hier jenes Defizit auszumachen, jene Wüste, die dann so schnell von den »Sirenen dieser Welt« erobert wird. Vielleicht gibt es in diesen Tiefen entzündete Wunden, die wir nicht durch die Fanfaren und die Trommeln einer Mission im Geiste des christlichen Triumphalismus heilen können (»Wir bringen euch die Wahrheit, über die wir verfügen, schließt euch uns nur an, dann werdet ihr dadurch erlöst«), sondern allein durch die Macht der Wunden Christi, die wir in uns entdecken, wenn wir von der Aufforderung Christi zur Umkehr als einer tiefgreifenden *Verwandlung des Lebens* getroffen werden.

Vielleicht sollten sich die Christen, statt obsessiv nach den maskierten Agenten der finsteren Mächte zu suchen, die raffiniert »unsere Religion« (the good old religion) unterwandern wollen, darum bemühen, dass irgendwann einmal die abgestandenen Formen des Christentums in unserer Kultur und Gesellschaft »durch die unterwandernde Macht« des Evangeliums gestört werden.

Jan Patočka charakterisiert am Ende seines Lebens, in seinem letzten Buch, den christlichen Glauben als *Offenheit*, als »ein Sich-Öffnen hin zur Abgründigkeit des Gottseins und des Menschseins«; er schreibt: »Insofern es seinen Grund in dieser abgründigen Tiefe der Seele hat, ist das Christentum der bislang größte und unüberbotene, *wenngleich noch nicht zu Ende gedachte* Aufschwung, der den Menschen jemals zum Kampf gegen den Verfall befähigt hat.«[27] Öffnet sich nicht irgendwo in der Nähe jener Geheimnisse, die wir gerade berührt haben, der Weg, das Christentum in diesem Sinne weiter »zu Ende zu denken«?

### Anmerkungen

[1] Vgl. Mt 27, 51 und Hebr 10, 19–20.

[2] In den patristischen Kommentaren lesen wir: Wie aus der geöffneten Seite Adams Eva geboren wurde, so wurde aus der geöffneten Seite Christi »die ewige Frau«, die Kirche, geboren. – Ähnlich wird Maria, die unter dem Kreuz steht und auf manchen Darstellungen den »heiligen Gral« hält, den Kelch, der das Blut aus dem Herzen auffängt, als das Symbol der Kirche wahrgenommen. Sie ist gleichzeitig die Mutter und die Verlobte – die Kirche mit ihrer Verkündigung und den Sakramenten »gebärt« ständig »Christus« in den Seelen von Menschen und in dem Geist von Nationen.

[3] Phil 2, 7.

[4] Hebr 10, 20.

[5] Eph 2, 14.

[6] Volf, M., Odmítnout nebo obejmout? Totožnost, jinakost a smíření v teologické reflexi, Praha: Vyšehrad 2005, S. 144–145 (Orig.: Exklu-

sion and Embrace. A Theological Exploration of Identity, Otherness and Reconciliation, Nashville: Abingdon 1996).

[7] Der jüdische Theologe, Publizist und Historiker des Christentums Schalom Ben-Chorin behauptet, dass die Exklusivität des Bundes (seine Beschränkung nur auf die Juden) vor allem das vorexilische Judentum charakterisiert, während im babylonischen Exil und dann im Diaspora-Judentum schon der Gedanke der Universalität erscheint, an den dann (der Diaspora-Jude) Paulus anknüpft und ihn radikal weiterentwickelt (siehe Schalom Ben-Chorin, Paulus. Der Völkerapostel in jüdischer Sicht, München: List 1970, S. 170–179). Anderen Autoren zufolge ist jedoch »der Universalismus« im Judaismus von Beginn an präsent: Beim Auszug aus Ägypten sind mit dem Volk »erev-rav« ausgezogen – viele Nicht-Juden, die sich ihnen angeschlossen hatten; beim Sukkot-(Laubhütten-)Fest wurde daher auch ein Opfer für andere Nationen dargebracht; Jona spricht von der Umkehr der heidnischen Schiffer usw.

[8] Das Christentum als Erfüllung, Erkenntnis, Überwindung, Beendigung des Opfermechanismus ist ein großes Thema der religionswissenschaftlichen Arbeiten René Girards (siehe v. a. Girard, R., Der Sündenbock, Zürich: Benziger 1988). In Wirklichkeit endete jedoch die Darbringung der Opfer im Judentum mit dem Fall des Tempels im Jahre 70. Die rabbinischen Autoritäten übertrugen die Symbolik des Opfers von »den blutigen Opfern« auf »die Opfer der Lippen« – d. h. auf die Gebete.

[9] Vgl. Hebr 7–10, v.a. 10, 18–22.

[10] Vgl. Balthasar, H. U. von, Mysterium paschale, in: Feiner, J. (Hg.), Mysterium salutis. Grundriss heilsgeschichtlicher Dogmatik, Band III,2: Das Christusereignis, Einsiedeln: Benziger 1969, S. 214.

[11] 2 Kor 3, 14–15.

[12] Metz, J. B., Memoria passionis. Ein provozierendes Gedächtnis in pluralistischer Gesellschaft, Freiburg i. Br.: Herder 2006, S. 63f.

[13] Damit spielt Metz auf ein gleichnamiges Gedicht von Nelly Sachs an. In der kommentierten Ausgabe »Nelly Sachs Werke«, Bd. 2, Gedichte 1951–1970, Berlin 2010, findet es sich auf S. 46f.

[14] Der Gedanke des Sich-Zurückziehens Gottes (Zimzum) kommt aus der lurianischen Kabbala, die nach Isaak Luria (1534–1572) benannt wurde.

[15] Jonas, H., Der Gottesbegriff nach Auschwitz. Eine jüdische Stimme, Frankfurt: Suhrkamp 1987.

[16] Boschert, R., Gespräch mit Elie Wiesel, in: Süddeutsche Zeitung 28./29.10.1989.

[17] McAfee Brown, R., Elie Wiesel: Zeuge für die Menschheit, Freiburg i. Br: Herder 1990 (engl. Orig. 1983), S. 160f., zitiert nach: Groß, W./ Kuschel, J. (Hgg.), »Ich schaffe Finsternis und Unheil!« Ist Gott verantwortlich für das Übel?, Mainz: Matthias-Grünewald-Verlag, 2. Aufl. 1995, S. 152, Hervorhebung T.H.

[18] Aland, K. (Hg.), Luther Deutsch: die Werke Martin Luthers in neuer Auswahl für die Gegenwart, Band I: Die Anfänge, Stuttgart u. a.: Klotz u. a., 1969, S. 162.

[19] Ebeling, G., Dogmatik des christlichen Glaubens, Band I: Prolegomena, Tübingen: Mohr 1979, S. 256.

[20] Über die verblüffende Ähnlichkeit von vielen Motiven in der Biographie, im Charakter und in den theologisch-spirituellen Motiven von Luther und Teresa von Ávila siehe z. B. Herbstrith, W. (Hg.), Teresa von Ávila – Martin Luther. Große Gestalten kirchlicher Reform (Reihe Edith-Stein-Karmel Tübingen 12), München: Kaffke 1983.

[21] Manche Motive der »Theologie nach dem Tode Gottes«, jedoch gerade in dem neuen Kontext, entwickelt die – mir sehr nahestehende – postmoderne Theologie, anknüpfend an die Merkmale der »apophatischen Theologie« beim späten Derrida. Hierzu gehört auch der provokative und inspirierende Versuch Gianni Vattimos, die säkulare Gesellschaft als »die Zeit des Heiligen Geistes« zu begreifen und das nicht-metaphysische (»schwache«) Denken als eine Analogie *der Kenosis* des Göttlichen Sohnes am Kreuz zu begreifen (Vattimo, G., Jenseits des Christentums. Gibt es eine Welt ohne Gott? München: Hanser 2004, S. 29).

[22] An dieser Stelle muss man allerdings anfügen, dass das Schauspiel Hochhuths von manchen eher als Instrument der damaligen antikirchlichen Propaganda der DDR gesehen wird – in Wirklichkeit war, wie neuere historische Forschungen zeigen, Papst Pius XII. angesichts des Leids der Juden während des Zweiten Weltkrieges allem Anschein nach bei weitem nicht so passiv, wie dieses Schauspiel und ähnliche Publikationen es schilderten.

[23] Vgl. Phil 3,8; 1 Kor, 2,2.

[24] Ich habe hier die bereits zitierte Aussage Thomas Altizers im Sinn: »Es gab einen Gott. Aber dieser Gott ist seit dem Tod Jesu gestorben. Nun ist er identisch mit der Menschheit oder mit der Geschichte der Menschheit.« (Zitiert nach: Fries, H., Abschied von Gott? Eine Herausforderung – Versuch einer Antwort, Freiburg i. Br.: Herder 1971, S. 64).

[25] Vgl. Joh 14, 18.

[26] Ähnlich, jedoch in einem anderen Kontext, zitiert H. Fries (a. a. O. S. 106) Herbert Braun: »Der Atheist verfehlt den Menschen.«

[27] Patočka, J.: Ketzerische Essays zur Philosophie der Geschichte. Mit Texten von Paul Ricoeur und Jacques Derrida, sowie einem Nachwort von Hans Rainer Sepp, Berlin: Suhrkamp 2010 (Orig.: Kacířské eseje o filozofii dějin, Praha: Academia 1990), S. 116f., Hervorhebung T.H.

# 5. Der tanzende Gott

Richard Kearney erinnert daran, dass einer der Schlüssel-
begriffe der alten christlichen Trinitätstheologie, die *perichoresis* (das gegenseitige »Durchdringen« und das gegenseitige Bedingen der Personen der göttlichen Dreifaltigkeit),
mit dem Begriff *des Tanzes* zusammenhängt. Er erinnert an
die frühchristlichen Darstellungen der Dreifaltigkeit als *eines Kreises* und fügt eine humorige Vorstellung des inneren
Lebens der Trinität als eines Tanzes hinzu, in dem sich Vater,
Sohn und Geist gegenseitig den Vortritt lassen.[1]

Diese wirklich ungewöhnliche Vision löste in mir blitz-
artig zwei Assoziationen aus: den Tanz der Derwische, dessen Zeuge ich letztes Jahr im türkischen Konya bei der Jubi-
läumsfeier zu Ehren des islamischen Mystikers Rumi
(Maulana) war, einer suggestiv körperlichen Darstellung
der dynamischen Liebe Gottes aus dem Schatz der sufisti-
schen Mystik, und dann den Satz Nietzsches, dass er »nur
an einen Gott glauben würde, der zu tanzen verstünde«[2].
Der göttliche Tanz ist für Nietzsche das Symbol der göttlichen Leichtigkeit, *der Freiheit* und der Freude, das Symbol
des Gegensatzes zum »Geist der Schwere« und zum »Geist
der Rache«, zu den Ressentiments und zum trüben Morali-
sieren, von denen nach Nietzsche gerade der christliche
Glaube, und vor allem dessen Moral, durchdrungen sei.

Kann Jesus – und der sich in ihm uns zeigende drei-
einige Gott – ein *tanzender Gott* sein? Das instinktive
»Nein«, das dieser Gedanke zunächst in uns evoziert, ist

jedoch eher ein Beweis für die Bändigung unserer Vorstellungskraft durch die etwas trüben Darstellungen Christi in unseren Kirchen. Manche der kostbaren, bis heute erhaltenen Dokumente der Frömmigkeit bestimmter Gemeinden des frühen Christentums, die apokryphen Evangelien, schildern ohne Bedenken *Jesus, wie er mit den Jüngern tanzt* (und wir haben keinen Grund zu behaupten, dass gerade dieses Bild weniger authentisch sein sollte als viele der Erinnerungen, die die kanonischen Evangelien bewahren). Einige Auslegungen, insbesondere solche von byzantinischen Darstellungen des Gekreuzigten, in denen der Körper Jesu in einer auffällig dynamischen Position geschwungen ist, behaupten sogar, dass diese Darstellung die johanneische Einheit des Kreuzes und der Auferstehung zeigen möchte, die Erniedrigung und die Erhöhung, und dass sie als Illustration des Psalmwortes zu verstehen sei: *Du hast mein Klagen in Tanzen verwandelt.* Auch der auferstandene, *durch die verschlossene Tür hindurchgehende* Jesus hat in sich (ebenfalls in der Szene des Zusammentreffens mit Thomas) etwas von jener Leichtigkeit des Tanzes und der Freiheit (vielleicht könnten wir auch sagen: der Heiterkeit), nach der sich vielleicht Nietzsche sehnte – des Gottes überdrüssig, der entweder nur eine Projektion der nichteingestandenen Sehnsucht nach Rache oder ein ohnmächtiger Greis ist, der an seinem wirkungslosen »Mitleid mit den Menschen« stirbt.

Nein, wir wollen hier nicht »Gott« in die Gestalt »meißeln«, in der er vielleicht Nietzsche und seinen Bekennern gefallen könnte. Wir wollen verstehen, warum das Erscheinen des Auferstandenen Thomas zu jener freudigen Ekstase führte, aus der das Bekenntnis hervorsprudelte: »Mein Herr und mein Gott« – und gleichzeitig wollen wir uns schüchtern fragen, ob und wie *wir* vielleicht Anteil an dieser österlichen Freude bekommen könnten.

Ist denn nicht gerade diese Freude und diese Freiheit jener »Eckstein« des christlichen Glaubens, an dem jedoch mit Sicherheit alle gottlosen, trübsinnigen, schwerfälligen und unfrohen, innerlich gefesselten, in sich versunkenen Menschen »des schweren Geistes« zu Fall kommen würden? Brauchen wir nicht gerade für den Zutritt auf dieses Tanzparkett der österlichen Freiheit jenen »Geist der Kinder«, von dem Jesus gesprochen hat, als er das Reich Gottes denen versprach, die die Demut und den Mut haben werden, »noch einmal geboren zu werden«, noch einmal Kinder zu werden?[3] Und hat nicht Nietzsche etwas von jenem Geheimnis gekostet, wenn er im Kapitel »Von den drei Verwandlungen« seinen Zarathustra prophezeien lässt, dass der asketische, tragsame Geist mit den Lasten der Befehle und Verbote, *das Kamel* mit den wund gedrückten Knien, weniger *zum Löwen* des freien Willens oder zum Souverän der Kraft werden muss, sondern letztendlich zum Kind, das frei auch von sich selbst ist?[4]

\* \* \*

Was würde *uns* an der Stelle des Apostels Thomas hindern, ins Licht jener österlichen Freiheit einzutreten und mit Freude sein Bekenntnis zu wiederholen? Wo sind unsere »verschlossenen Türen«, mit denen wir dem Geheimnis der Auferstehung den Zutritt verwehren?

Vielleicht sind wir nicht frei von all den Fragen, deren schwerfälligen Skeptizismus (den wir vom Materialismus der vergangenen Jahrhunderte und seiner zu engen Auffassung der Wirklichkeit geerbt haben) wir oft in die Zweifel von Thomas projizieren: Wie ist es »tatsächlich« gewesen mit der Auferstehung?

Der polnische Theologe Tomasz Weclawski hat in seiner tiefen und originellen »theologischen Summe«[5] eine wichtige Bemerkung gemacht: Diejenigen, die Fragen vom Typ »Was passierte faktisch mit dem Körper Jesu, der im Grab lag?« oder »Was (wen) sahen faktisch diejenigen, die behaupten, dass sie den vom Tod auferstandenen Jesus sahen?« stellen, verraten damit, dass sie einem tiefen Missverständnis unterliegen. Denn auch diese Fragen zeugen davon, dass die Fragenden vermuten, dass *sie schon von vornherein wissen*, was die »Auferstehung der Toten« ist, und sich nur vergewissern wollen, ob und wie weit das, was sie selbst mit diesem Wort verbinden, dem entspricht, was hier über Jesus gesagt wird; auch wollen sie sich vergewissern, ob die Zeugen dieser Geschehnisse *faktisch* das sahen und erlebten, was sie ihren Vorstellungen gemäß sehen und erleben sollten oder durften.

Aber wenn wir wirklich theologisch denken, *dann wissen wir, dass wir nicht wissen*, was die Metapher der »Auferstehung der Toten« bedeutet, ähnlich wie *wir* – was der heilige Thomas von Aquin immer betonte – *nicht wissen*, wer »in Wirklichkeit« Gott ist (wie »Gott an sich« ist). Gott selbst und die Auferstehung sind *radikale Geheimnisse*, die den Horizont und die Möglichkeiten dessen, was unsere Erfahrung, unsere Sprache, unsere Logik und unsere

Vorstellungskraft fassen kann, übersteigen. Wir können sie nicht mit eigenen Kräften fassen und über sie wie über einen fertigen Gegenstand *des Wissens* und des Besitzens verfügen – wir können uns auf sie nur im Glauben und in der Hoffnung beziehen und *zuhören*, inwieweit diese Geheimnisse (vielleicht) zu uns sprechen werden. Wir wissen höchstens, dass wir auf diese Geheimnisse in unserem tiefsten Wesen angewiesen sind und dass es höchst töricht wäre (wenngleich menschlich begreifbar), wenn wir ihnen gleichgültig den Rücken zukehren würden, weil sie »in der Wolke verhüllt« sind.

Kommen wir zu Weclawski zurück: »Gott ist für uns unsichtbar, so wie die Zukunft unsichtbar ist. Die Zukunft erwartet uns und kommt uns ununterbrochen entgegen, aber sie selbst lässt sich – insoweit sie Zukunft bleibt – nicht beobachten. Die Zukunft lässt sich erst dann sehen, wenn sie zu unserer Gegenwart wird – und noch dazu nur in uns und in unserer Geschichte. Auch Gott wird nur sichtbar, wenn er zur menschlichen Gegenwart wird. Selbst dann ist er jedoch nicht als Gott sichtbar, sondern nur als Mensch und eine menschliche Geschichte – im Leben, im Tod, in der Auferstehung Jesu Christi und in all dem, was zu ihr gehört. Auch in Jesus bleibt Gott als Gott unsichtbar – wir können hier hinzufügen: als Zukunft, insoweit sie Zukunft bleibt. Damit endet jedoch die Analogie: Gott ist zwar unsere Zukunft, jedoch ist die Zukunft nicht unser Gott. Deshalb hört Er nicht auf, als Gott unsichtbar zu sein, wenn die in Jesus geöffnete Zukunft sichtbare Gegenwart wird.«[6]

Gott (wie er selbst in sich und »an sich« ist) bleibt für immer ein Geheimnis, zugänglich nur dem Glauben und der Hoffnung, und also auch ausgeliefert den Zweifeln. Wir sahen bereits, dass jene Sätze über »den Tod Gottes« auch Christen mit einem traditionellen Glauben (wie auch ich einer bin) nicht empören müssen, wenn sie als Diagnose gelesen werden, inwieweit die *Welt* fähig ist, diesem Geheimnis gegenüber aufgeschlossen zu sein. Insofern es *theologische* Aussagen und nicht leere Floskeln sind, sind es nämlich nicht Aussagen über »Gott als solchen«, denn der Theologe weiß, dass sich »Gott als solcher« allen menschlichen Aussagen (»von unten«) letztendlich entzieht.

Auch die Auferstehung der Toten bleibt ein Geheimnis der Zukunft, das sich unserer Erfahrung entzieht, auf das wir uns heute nur mit dem Glauben und der Hoffnung ohne »das Sicherungsseil« des rationalen Fragens beziehen können und das wir nicht wirklich »begreifen« oder erleben können, bis wir selbst die Schwelle des Todes überschreiten. Vielleicht wissen wir nur, was die Auferweckung Christi *nicht ist*, oder besser gesagt, was die Schrift mit diesem Wort offensichtlich nicht meint. Sie meint damit nicht – und darauf muss leider immer wieder hingewiesen werden – die »Reanimation« oder die »Wiedererweckung« einer Leiche und ihre Rückkehr in diese Welt, die der Zeit, dem Raum und dem Tod unterworfen ist (»der auferweckte Christus stirbt nicht mehr, der Tod hat keine Gewalt mehr über ihn«, behauptet ausdrücklich der heilige Paulus[7]). Sie will aber auch nicht nur eine symbolische Umschreibung dessen sein, dass *die Gedanken Jesu* oder »die Sache Jesu« *weitergehen* – man sollte die Berichte der Evangelien darüber ernst nehmen, dass die Zeugen einer *Person* begegnen, nicht einer Ideologie.

Wenngleich ich die eindrucksvolle Auslegung Weclawskis über die Unsichtbarkeit Gottes und der Zukunft nicht abschwächen möchte, muss ich jedoch auf Erfahrungen hinweisen, die besagen, dass wenn »die Funken der Zukunft« (die Funken Gottes) in die menschliche Gegenwart fallen – auch wenn sie es uns nicht ermöglichen, die Zukunft (und Gott) zu »sehen« und »in die eigene Hand zu nehmen« –, sie uns dann doch stören in unserem trägen Beharren auf dem bereits Erreichten und Erkannten, in Vergangenheit und in Gegenwart.

Zu solchen Erfahrungen gehörte offenbar auch die Begegnung von Thomas mit dem Auferstandenen: Das Licht der *verwandelten* Wunden Jesu ermöglichte ihm für einen Augenblick, durch den Menschen Gott zu erblicken, durch die Gegenwart die Zukunft, durch das Sichtbare den Unsichtbaren.

\* \* \*

Tanzen wir jedoch nicht zu schnell und hastig in das Licht des Bekenntnisses von Thomas und der ganzen Szene des Evangeliums hinein! »Wenn du Christus begegnest, töte ihn!« Dieser Satz klingt aus dem Mund eines katholischen Priesters sicherlich – milde gesagt – etwas ungewöhnlich und klang auch so in meinen Ohren, als ich ihn zum ersten Mal hörte. Aber es ist immer klug, nicht übereilt ein Urteil zu fällen. Denn vielleicht erkennt auch ein Mensch, der nie die Sprachphilosophie Wittgensteins studiert hat, dessen Grundprinzip an, dass wir den wirklichen Sinn eines Satzes nicht im Satz selbst entdecken, sondern im Kontext, in dem der Satz gesagt oder geschrieben wurde.

Der Kontext war der folgende: Diesen Satz sagte zu mir einer der größten praktischen und theoretischen Kenner der Mystik und der Meditation des Ostens und des Westens unter den Christen des 20. Jahrhunderts, der Jesuit und Zen-Meister Pater Enomiya-Lassalle, der Jahrzehnte in Japan wirkte, während eines »Dokusan« – dem persönlichen Gespräch, mit dem ein Schüler der Zen-Meditation das Schweigen einmal pro Tag unterbrechen und dem Meister konkrete Fragen stellen darf. Auf mein Geständnis hin, dass ich mir während der Meditation zur besseren Konzentration mit der Wiederholung des Namens Jesu behelfe, sagte er mir, dass das eine Form »ketzerischen Zens« sei. Wirkliches Zen – wenn man es authentisch, nach der Lehre der alten Meister praktizieren möchte, und zwar egal ob als Buddhist, Christ, Jude oder Atheist – sei ausgerichtet auf die völlige Entleerung des Sinnes von allen Vorstellungen, Bildern, Worten und Namen – auch den heiligsten. (Haben wir nicht schon dasselbe Geheimnis der Dialektik von Leere und Fülle berührt, als wir über das Geheimnis des durchstoßenen Herzens Christi, des leeren Zentralheiligtums des Tempels von Jerusalem, des zerrissenen Vorhangs, des »Todes Gottes« und des sich selbst Zurückziehens Gottes in der Mystik der Kabbala, in der apophatischen Tradition, in der lutherischen Kreuzestheologie, in der »Theologie nach dem Tode Gottes« und bei den postmodernen Exegeten der Säkularität als einer Selbstentäußerung Gottes meditiert haben?) Die buddhistischen Zen-Meister warnten daher ihre buddhistischen Schüler vor »frommen Vorstellungen«: »Wenn du Buddha begegnest, töte ihn!« Warum sollte also ein christlicher Zen-Meister nicht im selben Sinne seinem christlichen Schüler sagen: »Wenn du Christus begegnest, töte ihn!«?

Diese Worte, die vielen Christen sicher als Gotteslästerung erscheinen, erklärte mir später (in einer etwas weniger kryptischen Redeweise als die eines »Koan«) ein anderer Meditationslehrer: In der Kontemplation stellen wir weder Gott noch seinen eingeborenen Sohn als *Gegenstand* der Meditation »vor uns«, eher versuchen wir zu erfahren, was es bedeutet – gemäß den Worten des heiligen Paulus –, »in Christus zu sein«, also zu erfahren, dass *nicht mehr ich lebe, sondern Christus in mir lebt*[8].

Es handelt sich hier also eigentlich nur um den auf eine andere Weise ausgedrückten Gedanken des Apostels Paulus, der betonte, dass er *Jesus* nicht *dem Fleische nach* kennen möchte, »auf die äußerliche Weise des Fleisches«, sondern im Geist, »*dem Geiste nach*«, auf die innerliche Weise des Geistes. Paulus verteidigte hier sicher auch seinen eigenen Zugang zum Geheimnis Christi: Er lernte nämlich nicht (im Unterschied zu den anderen Aposteln) »den historischen Jesus« kennen (und ehrlich gesagt, in seiner Theologie bekundet er für ihn und seine Lebensgeschichte – mit Ausnahme der österlichen Geschehnisse – nur ein sehr geringes Interesse). Es traf und verwandelte ihn insbesondere die schockierende *Vision des Auferstandenen* auf dem Weg nach Damaskus, aber auch das Zeugnis der Jünger (einschließlich des Martyriums des Stephanus, das der Bekehrung des Paulus vorausging) und dann seine Meditationen in den Wüsten Arabiens, wo vermutlich die Grundlagen seiner Theologie heranreiften.

Es ist also notwendig, im Kontext der Erzählung des Evangeliums nach dem tieferen Sinn der Begegnung des

Apostels Thomas mit dem Auferstandenen zu suchen, über die wir in diesem Buch nachdenken. Sie geschieht in jener »Zwischenzeit« zwischen Ostern und Himmelfahrt, in der Zeit, in der die Nachfolger Christi sich darauf vorbereiten, ihn nicht mehr als »Christus dem Fleische nach« zu sehen, zu kennen und zu berühren, sondern *im Geiste*. Christus »dem Geiste nach« zu kennen und in ihm zu wohnen bedeutet, »den Geist Christi zu haben«[9]; und mehr noch: Es bedeutet – und hier begegnen sich die Quellen von Paulus und Johannes in ihrer Mystik –, durch den Geist vereint zu sein, dem lebendigen Band der Einheit zwischen dem Sohn und dem Vater; gegenseitig vereint zu sein, vereint mit Christus und damit ins »Herz der Dreifaltigkeit« hineingezogen zu werden.

Das ist die zweite Seite von Ostern, der Gegenpol jener Karfreitags- und Karsamstags-»Entäußerung« (*kenosis*), und diese zwei Seiten gehören zueinander wie das Einatmen und das Ausatmen, wie die Systole und die Diastole (um das Lieblingsbild des hartnäckigen Atheisten Feuerbach im umgekehrten Sinn zu benutzen, als er es hinsichtlich der Beziehung des Menschen zu Gott gebrauchte[10]).

Der Weg, auf dem Thomas Christus begegnet, besteht nicht nur aus der Szene der Begegnung, sondern er ist zugleich auch der Weg hin zum Abschied, denn Jesus »geht zu seinem Vater«[11]. Mit seinem Weggang erfüllt sich jedoch jene Stunde, deren baldiges Eintreffen Jesus am Jakobsbrunnen der Samariterin prophezeite, als er sagte: Die wahren Anbeter werden Gott nicht hier noch dort, sondern *im Geist und in der Wahrheit*[12] anbeten. Wenn er nicht von uns gegangen wäre, wäre der Geist nicht zu uns gesandt worden.[13]

»Der Gott, der mit uns ist, ist der Gott, der uns verlässt«, notierte sich Dietrich Bonhoeffer im Gefängnis in der Zeit vor der Hinrichtung – und hat daraus den Schluss gezogen: »Gott gibt uns zu wissen, dass wir leben müssen als solche, die mit dem Leben ohne Gott fertig werden.«[14]

Wir müssen ohne Gott als *äußere* Stütze auskommen. Mit nur einem *äußerlichen* Gott, mit »Christus dem Fleische nach«, hätten wir nie die Freiheit und die Freude der tanzenden Söhne und Töchter Gottes erreichen können. Wir wären eher zur Karikatur jenes von Christus geforderten »Geistes der Kinder« geworden – wir wären *infantil* geblieben, unreif, schwerfällig, unfähig, Verantwortung zu übernehmen. Wenn dir jemand diesen äußerlichen Christus anbietet, »dem Fleische nach« – und bereite dich darauf vor, dass du eine solche Auffassung Christi auch leider oft an den Ständen unserer Kirchen und des heutigen religiösen Marktes findest –, lehne ein solches Bild ab, »töte es«! Suche lieber mit dem Apostel »Christus dem Geiste nach«, *in dem* du wohnen und reifen kannst.

In Christus, hindurchgehend durch das Kreuz zum Vater, verlässt uns Gott, um uns einen Raum der Freiheit und der Verantwortung zu ermöglichen – den Raum des Geistes, in dem wir Christus wieder entdecken können; nicht mehr an der Oberfläche, sondern in der Tiefe. Nicht im privaten Kämmerlein der in sich verschlossenen und um sich kreisenden Frömmigkeit (so würden wir jene Innerlichkeit des Geistes wirklich verkehrt verstehen), sondern in der Tiefe der Wirklichkeit, in die wir gestellt sind und deren Bestandteil wir sind. Vergessen wir nicht, dass eines der kostbarsten prophetischen Geschenke des Geistes die Kunst ist, »die

Zeichen der Zeit zu lesen«, *die heutige Zeit* als die Herausforderung Gottes zu *verstehen*.

Die Evangeliumsszene mit Thomas endet mit der Seligpreisung derer, *die nicht sahen* – und *trotzdem* glaubten. Ja, dies ist der Weg zum »unsichtbaren« und trotzdem gegenwärtigen Christus, der Weg, auf dem seine neue und andere Anwesenheit entdeckt werden kann, nicht mehr durch die Sinne, auch nicht mehr durch den Unsinn der sinnentleerten frommen Phrasen – sondern durch den Glauben, durch die Hoffnung und durch die Liebe. Es ist ein Weg, von dem wir hoffen dürfen, dass er über alle dramatischen Wendepunkte hinweg in der ekstatischen Teilnahme am göttlichen Tanz enden wird, in der Umarmung der Dreifaltigkeit.

## Anmerkungen

[1] Vgl. Kearney, R., The God Who May Be (der erste Teil des Gesprächs mit David Caley für den kanadischen Rundfunk CBC vom 15.12.2006).

[2] Nietzsche, F., Also sprach Zarathustra, Kap. 18, Vom Lesen und Schreiben (KSA, ZA I, 49).

[3] Vgl. Mk 10, 15; Joh 3, 7.

[4] Vgl. Nietzsche, F., Also sprach Zarathustra. Von den drei Verwandlungen (KSA 4, ZA I, 29f.).

[5] Weclawski, T., Królowanie Boga: Dwa objaslynienia wyznania wiary Koslcioła, Posen: Uniwersytet im. Adama Mickiewicza, Wydz. Teologiczny 2003, S. 139.

[6] Ebd., S. 230–231.

[7] Röm 6, 9.

[8] Vgl. Gal 2, 20.

[9] Vgl. Röm 8, 9.

[10] Nach der Theorie Feuerbachs über Gott als der Projektion des menschlichen »Wesens« in den Himmel »entleert« sich der Mensch

durch seinen Glauben, während er durch die Leugnung Gottes wieder »einatmet«, sich wieder seiner beraubten Größe bemächtigt. Wir halten uns eher an die paulinische Theorie über das Kreuz als *kenosis* – im Opfer seines Sohnes »entleert« sich Gott selbst; am Kreuz hat Jesus gemäß den Evangelien ausgeatmet – den Geist übergeben *(tradidit Spiritum)*, damit wir in demselben Geist zum Ruhm, zur Größe und Freiheit der Kinder Gottes gelangen.

[11] Vgl. Joh 14, 28.

[12] Vgl. Joh 4, 24.

[13] Vgl. Joh 16, 7.

[14] Eintrag vom 16. Juli 1944, in: Bonhoeffer, D., Widerstand und Ergebung: Briefe und Aufzeichnungen aus der Haft (Werke 8; hrsg. von E. Bethge), München: Kaiser 1998, 177f.

# 6. Die Anbetung des Lammes

In der Nacht vor der Schlacht an der Milvischen Brücke erschien dem römischen Kaiser Konstantin angeblich das Zeichen des Kreuzes am Himmel und er vernahm den Satz: In diesem Zeichen wirst du siegen! Er ließ also ein Kreuz auf die Schilde seiner Truppen befestigen, besiegte seine Feinde und verlieh aus Dankbarkeit der bisher verfolgten Kirche Legitimität und diverse Privilegien. Schließlich wurde aus dem Christentum die Staatsreligion des Römischen Reiches.

Mir geht die Frage nicht aus dem Kopf, wie die Geschichte des Christentums, Europas und der Welt wohl ausgesehen hätte, wenn Kaiser Konstantin jene außergewöhnliche Erscheinung, die er hatte, mit größerer Einsicht begriffen hätte.

\* \* \*

Vielleicht hätte die Kirche ohne die Geschenke Konstantins ihr kulturelles Potenzial nicht so stark entwickeln können; vielleicht hätte das Christentum, wenn es sich im öffentlichen Raum jenes Reiches, in dem die Sonne nicht unterging, auf der Sonnenseite der Macht nicht hätte derart ausbreiten können, die Gesellschaft nicht so stark mit seiner therapeutischen Macht durchdringen können. Es hätte keine Bildungs- und Sozialinstitutionen errichten und nicht über Jahrtausende eine reiche Ernte der segensreichen Frucht seines Einflusses einholen können. Vielleicht. Vielleicht wurde jedoch in dieser Reichsversion des Christentums auch etwas Wesentliches vergessen und nicht entwickelt – oder sogar verraten und entstellt.

Sich die Frage nach dem Vergessenen zu stellen, das ist nicht nur Selbstzweck, kein Spiel der Phantasie auf dem unsicheren Boden jenes »wenn«, das, bekanntermaßen, die Geschichte nicht zulässt. Es ist die Suche nach dem Schatz, den ab und an manche Christen auf dem Acker der Geschichte gefunden haben, aber – wie ihnen die Schrift rät – wieder sorgfältig eingruben, weil sie nicht immer schon die Möglichkeit hatten, »hinzugehen und den Acker zu kaufen«[1]. Weil manche Christen des offiziellen römischen Christentums überdrüssig geworden waren, haben sie diesen verborgenen Schatz in einem Protestexodus, der – welche Ironie der Geschichte – zurück in die ägyptische Wüste führte, in jene Einsamkeit eingeschleust, wo sie dann erste Klöster, Brennpunkte eines »alternativen Christentums«, gründeten. Auf alle Fälle kann gerade für uns heute – wenn im Westen die letzten Reste der Konstantinischen Version des Christentums einstürzen (und ich meine damit nicht die Machtposition der Kirche, denn diese fiel schon mit der Aufklärung, sondern das Christentum als den *natürlichen* Rahmen unserer Zivilisation) – die Suche nach dem, was unentwickelt blieb, was im goldenem Sand des Offiziellen und der öffentlichen Gunst eingegraben war, nicht nur interessant, sondern auch direkt überlebensnotwendig sein. Es kann uns helfen, das Haus des Glaubens dieses Mal wirklich auf einem Felsen zu bauen, auf einem kahlen Felsen, nicht auf dem glänzenden, jedoch verräterischen Sand der Protektion durch die Macht.

Nach dem »Tod Gottes« im öffentlichen Raum, in der Sprache und der Kultur von heute, kommt Christus zu uns – und zeigt seine Wunden. Er zeigt auf das Kreuz, das »den Kaisern« als ein Spiegel dienen soll, in dem sie ihre Nacktheit erkennen können, nicht dazu, dass sie mit ihm wie mit einem magischen Amulett ihre fiktiven »neuen Kleider«, ihre Panzer, Waffen und Kriegsfahnen schmücken.

Das Christentum gehört in die Politik – jedoch als kritischer Gegenspieler der Macht, der die wichtige, aber auch undankbare und gefährliche Aufgabe der Propheten erfüllt: der Macht die Aura des Heiligen zu nehmen, nach der sie so gerne greift, ihr zu zeigen – wie Nathan dem David –, dass auch Könige nur Menschen sind und sich nicht wie Götter aufführen dürfen. Das Kreuz gehört in den »öffentlichen Raum« – jedoch nicht als ein majestätisches Siegesdenkmal, sondern vor allem als eine Erinnerung an die Opfer, die für jeden Sieg der Macht teuer bezahlen mussten.

Christus kommt zu uns und versteckt seine Wunden nicht, sondern er zeigt sie – und will uns damit ermutigen, unsere Panzer, Masken und Schminke abzunehmen und uns sowohl die Wunden und Narben anzuschauen, die wir unter ihnen, vor anderen und oft auch vor uns selbst verstecken, als auch auf die Wunden zu blicken, die wir anderen zugefügt haben.

Albert Speer, Hitlers führender Architekt und späterer Rüstungsminister, erklärte nach dem Krieg seiner Tochter: »Du musst dir bewusst werden, dass ich als Architekt mit meinen zweiunddreißig Jahren die wunderbarsten Aufgaben vor mir hatte, von denen ich träumen konnte. Hitler sagte deiner Mutter, dass ihr Mann eines Tages die Bauten projektieren könne, die 2000 Jahre nicht zu sehen waren. Der Mensch hätte moralisch ein großer Stoiker sein müssen, um ein solches Angebot abzulehnen. Aber so einer war ich sicherlich nicht.« Speer fügt hinzu, dass er vor allem Architekt werden wollte und dass er also aus Angst, etwas zu entdecken, das ihn von seinem Weg abbringen konnte, *die Augen verschloss*.[2] Ich lebe und arbeite neben vielen Menschen, die im selben Geist und aus demselben Grund – und für eine viele kleinere Schale des Linsengerichts – ihre Seele dem zweiten totalitären Regime des 20. Jahrhunderts verkauft haben. Die Begegnung mit Christus ist gefährlich, weil er uns durch seine Wunden den Balken von den Augen nimmt, *die Augen öffnet* und uns von unseren Wegen wegführt, auf die wir uns so oft und gerne mit »geschlossenen Augen« begeben.

\* \* \*

In diesem Buch findet der Leser nicht – und sucht hoffentlich auch nicht – *Anleitungen* zur Heilung der Wunden unserer Welt; denn schon immer hegte ich ein ausgesprochenes Misstrauen gegenüber allen Rezepten zum Heil. Wenn diese Überlegungen zu etwas dienen mögen, dann ist es die Aufforderung zur »Nichtgleichgültigkeit«, zum *Mut zu sehen*. Jeder Mensch muss doch selbst seine eigene Entscheidung treffen, ob, wie, inwieweit und wo er sich konkret in der Bemühung, die menschlichen Wunden zu heilen, engagieren möchte und kann. Zunächst muss er jedoch in der Lage sein, diese wahrzunehmen.

Ich gestehe ein, dass ich in manchen Momenten in Indien, Myanmar oder in Ägypten (auf dem schaurigen Friedhof im Zentrum von Kairo, wo zehntausende Arme wortwörtlich in den Grüften wohnen!) in der Versuchung war,

lieber *nicht zu sehen*, die Augen und das Herz zu verschließen und so schnell wie möglich von dort zu fliehen. Ein Jesuit, der schon seit Jahrzehnten in Indien wirkt, erzählte
mir, dass er nach seiner Ankunft in Kalkutta lange Zeit ab-
wechselnd von zwei unreifen Fluchtreaktionen versucht
wurde: von der *kindlichen Reaktion* – die Augen zuzumachen, das Gesicht in egal was zu verstecken, das den Mut-
terrock ersetzen könnte, und von dort zu fliehen; und dann
von der »*pubertären Reaktion*« eines zornigen Revolutio-
närs: Greifen wir zu den Waffen und vernichten wir ener-
gisch die ungerechten sozialen Verhältnisse und die, die für
sie die Verantwortung tragen und von ihnen zehren! Erst
lange Stunden, ja sogar Jahre der *Meditation* gaben ihm
die Kraft, durchzuhalten, die Verführung zur Ungeduld zu
überwinden und aus der Illusion eines schnellen Weges
zum Heil aufzuwachen.

Johann Baptist Metz spricht von der Notwendigkeit
»der Mystik der offenen Augen« – in einer offensichtlich
polemischen Anspielung auf das östliche Meditieren mit geschlossenen Augen. Ein anderer christlicher Autor grenzt
sich noch schärfer gegenüber dem Buddhismus ab: Während der Buddhismus lehre, wie man dem Kummer und
dem Leid »durch die Loslösung« vom Ich und durch die
Auslöschung des Ichs entfliehen könne, fordere uns im Gegensatz dazu das Christentum auf, unser Ego an die anderen
zu fesseln, es an das Kreuz der Solidarität bis zum Vergießen
»des Blutes und des Wassers« aus dem eigenen Herzen zu
schlagen, die Wunden der Welt zu *sehen* und sich von ihnen
immer wieder verwunden zu lassen, den Egoismus nicht
durch Techniken der Askese und der Meditation zu über-

winden, sondern aus dem Gebet eine Aktion der praktischen Liebe und der konkreten Hilfe für den Nächsten her-
vorgehen zu lassen. Ich kann mich erinnern, dass auch ich
erst von der westlichen Bezauberung durch die Spiritualität
des Fernen Ostens einigermaßen geheilt wurde, als ich in Indien wiederholt bekennenden Hindus begegnet bin, die über
die karitative Tätigkeit der Schwestern der Mutter Teresa
lamentierten, dass diese Christen wohl nur den Unglücklichen im Wege stünden. Diese könnten nicht richtig die
Sünden der vergangenen Leben abbüßen und sich bei der
nächsten Geburt kein glücklicheres Schicksal verdienen!

Ich möchte mich an dieser Stelle nicht den Polemiken der
Christen gegenüber den Yogis und den Buddhisten anschlie-
ßen; ich habe mit buddhistischen Mönchen debattiert (also
nicht mit Menschen, die im Westen mit dem Buddhismus oft
nur unverbindlich und manchmal etwas seltsam kokettieren)
und verbrachte in ihren japanischen Klöstern zwar nicht Jahre, aber immerhin genug Zeit, um mich vor Pauschalurteilen
zu hüten. Es scheint mir, dass sowohl diejenigen, die zu leicht
das Gleichheitszeichen zwischen den Wegen der fernöst-
lichen und christlichen Mystik setzen, als auch diejenigen,
die sie in einen dramatischen Gegensatz stellen, zu sehr ver-
einfachen. In diesen beiden bunten und weitläufigen geistlichen Welten gibt es so viele verschiedene Schulen, dass
man genug Beispiele und Argumente sowohl für den ersten
als auch für den zweiten Standpunkt finden kann.

Wenn ich zur Erzählung jenes Jesuiten-Missionars zu-
rückkomme, würde ich sogar hinzufügen, dass die Meditation nicht nur den Mut zur Ausdauer stärkt, sondern aus ihr
auch Taten entstehen lässt, die – im Unterschied zur Flucht

oder zur Revolution – wirklich heilsam sein können. Denken wir an die Wirkung zweier Menschen des Gebets und der Meditation, deren beharrliche Tätigkeit tatsächlich in gewissem Maße das Gesicht Indiens und seines Geistes qualitativ verändert hat – auch wenn sie sicher nicht alle sozialen und politischen Probleme heilen konnten: Mahatma Gandhi und Mutter Teresa von Kalkutta!

Hans Urs von Balthasar sagte einmal einen denkwürdigen Satz: »Wer Gottes Gesicht nicht aus der Kontemplation kennt, der erkennt es auch nicht in der Aktion, insbesondere dann nicht, wenn es ihm aus dem Gesicht der Erniedrigten und Leidenden entgegenstrahlt.«

An einem Wesensmerkmal erkennt man die Aktion, die aus der Kontemplation erwächst – an ihrer *Nicht-Gewalt*. Dadurch, dass dieses Handeln es konsequent ablehnt, »mit den Karten zu spielen, die das Böse austeilt«, bringt es in unsere Welt eine wirklich neue Qualität.

\* \* \*

»Der Krieg gegen den Terror«, den Präsident Bush nach dem 11. September 2001 ausrief, war von jenem Moment an nicht zu gewinnen, als der Präsident die apokalyptische Rhetorik von Al Kaida aufgriff: der große Satan, das Reich des Bösen und das Reich des Guten, wir die Guten, sie die Bösen ...

Auch wenn es der amerikanische Präsident nicht »wortwörtlich« gemeint hätte, wenn es nur um die Rhetorik gegangen wäre, die natürlich die Kraft hat, zu mobilisieren und eine Nation zu einen (zumindest für den Moment), so war dies doch ein äußerst gefährliches Unternehmen. Die religiösen Ausdrücke und Symbole haben auch in der »säkularen Zeit« und in der säkularen Gesellschaft eine unheimliche (oftmals gerade von »säkularen Menschen« nicht erkannte und naiv unterschätzte) Kraft: Wenn sich die Kraft der religiösen Symbole mit der Kraft der Waffen verbindet, dann führt eine solche unheilige Allianz – wie alle solchen Vermählungen der Religion mit der Politik – früher oder später zur Zeugung von Chimären und Schreckbildern.[3]

Den Satan kann man nämlich nicht mit Bombardements vernichten. Man kann ihn nur *austreiben*, ihn aus der Welt nur dadurch austreiben, dass ich in *meiner* Welt, in meinem Herzen und meinem »Unbewussten« beginne – vor allem dadurch, dass ich ihn als den *Schatten* meines eigenen Ego entdecke, als den nicht bekannten Teil, den wir so gerne auf die Welt projizieren, auf »die anderen«. Die Schreckbilder und Albträume (die sich so gerne in den Beziehungen festsetzen und aus den Höllen unseres Unbewussten auch in die politische Sphäre durchdringen) kann man nicht anders überwältigen, so Kearney[4], als dadurch, dass wir den Mut finden, ihnen ins Gesicht zu schauen. Wir sollten erkennen, dass sie uns bei weitem nicht so unähnlich sind, wie es uns schien, solange wir sie vor lauter Angst oder Hass als »Wesen ohne Gesicht« wahrnahmen – Angst und Hass sind es übrigens auch, die die Schreckbilder und Albträume häufig erzeugen oder, anders gesagt, aus der Hölle herbeirufen.

\* \* \*

Dämonen werden dadurch ausgetrieben, dass man sie beim Namen nennt; wenn wir ihren wirklichen Namen kennen, haben sie keine Macht mehr über uns. Gott kann man nicht austreiben, heißt ein leicht triumphalistischer Titel eines Buches.

Gott kann man auch deshalb nicht austreiben, weil er keinen solchen Namen hat (was in der Szene ersichtlich wird, in der er sich Mose aus einem brennenden Dornbusch heraus vorstellt).[5] Unsere Versuche, »ihn zu definieren« (d. h. ihn abzugrenzen), ihn sich vorzustellen oder Namen oder Formeln für ihn auszudenken, mit denen wir ihn jederzeit nach Belieben zu unseren Diensten, im Sinne unserer Machtinteressen rufen könnten, verurteilt die Bibel als Todsünde gegen den Glauben, als Magie und Idolatrie.

Weil unser Gott keinen Namen hat, kann man ihn nicht nach menschlichem Belieben rufen, aber auch nicht austreiben. Dieser Namenlose bleibt mit uns auch *in einer anonymen Gestalt* – also auch dort, wo wir ihn nicht erkennen, ehren und bekennen. Er bleibt auch im »*non vocatus*« bei uns – nicht bekannt, nicht gerufen, nicht benannt, wie die Inschrift am Grab C. G. Jungs sagt: »Vocatus atque non vocatus, Deus aderit« – »Gerufen oder nicht gerufen – Gott wird da sein«.

Die Götzen, die sich über den Anspruch des jüdischen Gottes auf seine Einzigkeit so lächerlich machten – in jenem bereits erwähnten Text aus dem Zarathustra Nietzsches –, lachten etwas voreilig. Der Gott der Juden überlebte sie auch aufgrund seiner streng gewahrten Anonymität.

*\* \* \**

Das Einzige, womit man durch die Wolke der göttlichen Verborgenheit hindurchdringen und das Siegel am Tor des Schweigens seiner unzugänglichen Anonymität brechen kann, sagt der christliche Glaube, ist der Name (also die Person, das Menschsein) Seines eingeborenen Sohnes. Gott kann man ansprechen und in unser Leben und unsere Welt einladen, wenn wir ihn mit dem Namen seines Sohnes ansprechen, wenn wir ihn *im Namen* seines Sohnes bitten, sagt das Evangelium.[6]

In unserer Zeit erfreut sich – auch unter Christen im Westen – »die Perle der Orthodoxie« wieder gewisser Beliebtheit, das sogenannte Jesus- oder Herzensgebet, das in der einfachen Wiederholung des Namens Jesu besteht; dieses Gebet bete auch ich häufig.[7] Aber erst jetzt beginne ich, es in breiteren Zusammenhängen wahrzunehmen: Inmitten der Welt der Gewalt, in der Gott abwesend erscheint, in der wir *ohne Gott* als unsere äußerliche Stütze *auskommen* müssen, wie uns schon aus seiner Todeszelle Pastor Bonhoeffer lehrte, können wir jedoch nicht ohne »den Namen Christi« auskommen – ohne die ständige Erinnerung (*anamnesis*) an Jesus und an seinen Weg.

Diese *anamnesis*, wie der Jesus des Johannesevangeliums sagt, ist die Sendung des Geistes – »der euch alles lehren und *euch* an alles *erinnern* wird, was ich euch gesagt habe«[8]. Es geht hier nicht nur um die schlichte Alarmierung unserer schläfrigen Aufmerksamkeit (so wie uns eine Notiz im Terminkalender an eine unerledigte Pflicht erinnert), sondern um ein tieferes Begreifen dessen, was aus dem »Gedächtnis« auftaucht. Das Gedächtnis *(memoria)* ist für Augustinus und eine Reihe anderer (vom Platonismus beein-

Die Anbetung des Lammes

flusster) christlicher Denker der Ort, wo die Seele Gott am intensivsten begegnet, *ein Abgrund* – wahrscheinlich jener, den die Bibel (und Pascal) »das Herz« und die Tiefenpsychologie das »Unbewusste« nennt, respektive das Selbst *(self).*

Wenn wir regelmäßig Christus gedenken (zum Beispiel in der Feier der Eucharistie – in der wir *seines Leidens gedenken),* wird uns dadurch auch die Kraft zur Wachsamkeit gegeben. Diese Kraft versetzt uns in die Lage, die nur vermeintlich betäubenden Drogen aller Art (Marx würde sich wundern, wie viele verschiedene Arten »Opium des Volkes« gerade die Welt ohne Religion bieten kann!) und alle anderen Weisen, die uns dazu verführen, unser Gewissen ruhigzustellen, abzulehnen.

Einer der bedeutenden Väter des christlichen Altertums, Clemens von Alexandrien, vergleicht den Christen, der mit dem Kreuz Christi verbunden ist, mit dem Helden der Epen Homers, Odysseus, der sich – nachdem er seinen Gefährten mit geschmolzenem Wachs die Ohren verschließen ließ – selbst an den Mast des Schiffes festbinden ließ, um dadurch den Sirenen gefahrlos lauschen zu können, die mit ihrem bezaubernden Gesang alle vorbeifahrenden Schiffe dazu verführten, am Strand zu zerschellen: »Fahre vorbei an dem Gesang, er bewirkt den Tod. Aber wenn du nur willst, so kannst du Sieger bleiben über das Verderben: angebunden an das Holz wirst du losgebunden sein von jeglichem Untergang. Dein Steuermann wird sein der Logos Gottes, und in den Hafen der Himmel wird dich einfahren lassen das Pneuma, das heilige. Dann wirst Du meinen Gott schauen, wirst eingeweiht werden in die heiligen Mysterien und wirst ge-

nießen dürfen das im Himmel Verborgene, das mir aufbewahrt ist, das weder ein Ohr gehört hat, noch je eines
Menschen Herz vernahm.«[9] Wenn sich der Mensch an
Christus und an den Mast seines Kreuzes hält, wenn er
nach den Worten des Paulus »der Welt und die Welt ihm gekreuzigt ist«[10], dann kann er all diesen Stimmen der Welt
lauschen, ohne Angst haben zu müssen, dass sie ihn verwir-
ren und vom Weg abbringen, sagt uns dieser Lehrer christlicher Weisheit.

\* \* \*

An dieser Stelle muss ich eine Anmerkung einschieben über
meinen permanenten, jahrzehntelangen Dialog mit meiner
ersten philosophischen Liebe, Nietzsche, in meinem Denken, in meinem Glauben, in meinen Arbeiten. »Es wäre
nicht Nietzsche, wenn er nicht auch dort, wo er sich
täuscht, gleichzeitig etwas Tiefgründiges sagen würde«, bemerkte einer seiner theologischen Kommentatoren einmal
über ihn. Ich würde nicht zu urteilen wagen, wo »sich
Nietzsche täuscht« oder wo er vielleicht nur provozierend
zu unseren Irrtümern beziehungsweise zu unseren Einseitig-
keiten mittels des entgegengesetzten Extrems einen Aus-
gleich schafft. Nietzsche gab selbst zu, dass »er zu allem
zwei Meinungen hat«. Wenn er also spürt, dass uns das
Licht des Tages zu sehr fasziniert, erinnert er uns eindringlich und dramatisch daran, dass es auch die Tiefe der Nacht
gibt. Wenn unsere Sprache zu süß ist, spricht er zu uns mit
dem Mund voller Salz, bitterem Wermut und Essig. Wenn er
entdeckt, dass sich hinter unserer rührseligen Frömmigkeit

die Gottlosigkeit verbirgt, zeigt er uns, wie der »frommste unter den Gottlosen« mit Gott und über Gott sprechen kann; er, der unseren Erlöser nicht ablehnen würde – falls wir Christen »erlöster aussähen«.

Ich weiß, dass für viele, die Nietzsche gelesen haben, aber nicht »an Christus«, an den *Mast des Kreuzes* angebunden waren, sein Werk zu der Sirene wurde, die sie dazu verführte, auf tragische Weise Schiffbruch zu erleiden. Ich bin jedoch davon überzeugt, dass gerade diejenigen, die Christus »ohne Distanz« angenommen und dabei – nach dem Vorbild des Odysseus – ihre Ohren nicht mit Wachs verschlossen haben, Nietzsche aufmerksam und mit großem Nutzen lauschen können und sollen.

\* \* \*

Des Namens Christi gedenken kann man nicht nur, indem man ihn mechanisch wiederholt, denn in diesem Fall würden wir »seinen Namen vergebens in den Mund nehmen« und uns in die Magie stürzen; sich »an den Mast des Kreuzes festzubinden«, »sich selbst mit seinen Leidenschaften und Begierden zu kreuzigen«[11], das kann man nicht nur durch fromme, tröstende Gefühle. »Alle Leidenden können in der Solidarität des Gekreuzigten ihren Trost finden«, schreibt Miroslav Volf. »Jedoch finden ihn nur diejenigen an ihrer Seite, die gegen das Böse dadurch kämpfen, dass sie Seinem Beispiel folgen. Den Trost in Christi zu beanspruchen und dabei seinen Weg abzulehnen bedeutet, nicht nur eine zu billige Gnade, sondern auch eine falsche Ideologie zu verteidigen.«[12]

Wer der Welt durch die Erinnerung an die Wunden Christi gekreuzigt ist, der bewahrt »die Gesinnung Christi« in sich, der möchte nicht »Christus dem Fleische nach kennen« (und lässt niemals zu, dass sich die Kriegsrhetorik der Macht und der Gewalt des Namens Gottes und des Namens Christi bemächtigt). Er bekennt »Christus dem Geiste nach«, und in seinem Geist lebt er und ringt er. Er betritt immer wieder aufs Neue den Schauplatz jenes Kampfes, den man in dieser Welt nie ganz »gewinnen« kann, der aber dennoch immer wieder aufs Neue geführt werden muss. Er muss den Mut haben, sich auf den Knien wiederzufinden, *stigmatisiert* zu sein, die Finsternis der Verlassenheit Christi zu betreten – in der Hoffnung, dass er weder dann noch irgendwann anders ohne eigenes Zutun aus der Umarmung der am Kreuz ausgebreiteten Arme herausfallen kann.

Denen, die auf dieser Welt durch Gewalt und Bosheit in die Knie gezwungen wurden, ohne dass sie sich auf das Spiel der Gewalt und der Bosheit eingelassen hätten, denen, »die sich ihr Gewand im Blut des Lammes reingewaschen haben«[13], die »aus der großen Bedrängnis kommen«, verheißt die Offenbarung des Johannes die Teilnahme an jener Liturgie, bei der alle vor dem Lamm auf die Knie fallen und ein neues Lied anstimmen werden: »Würdig bist du, das Buch zu nehmen und seine Siegel zu öffnen; denn du wurdest geschlachtet und hast mit deinem Blut für Gott erkauft Menschen aus allen Stämmen und Sprachen, aus allen Völkern und Nationen.«[14]

Es gibt Siegel, die nur *stigmatisierte* Hände öffnen können.

Die Anbetung des Lammes

## Anmerkungen

[1] Vgl. Mt 13, 44.

[2] Hauerwas, S. / Bondi, R. / Burrell, D.B., Truthfulness and Tragedy, Notre Dame: University of Notre Dame 1997, zitiert nach Volf, M., Odmítnout nebo obejmout, a. a. O., S. 285.

[3] In diesem Teil meiner Betrachtung der Einschätzung »des Krieges gegen den Terror« und seiner Folgen zitiere ich indirekt aus dem zweiten Teil des bereits erwähnten Gesprächs Richard Kearneys (a. a. O.) für die Sendung des kanadischen Rundfunks CBC (22.12.2006). Ich führe hier nur einige wenige der kritischen Überlegungen Kearneys aus.

[4] Ebd. Kearney beruft sich hier auch auf seine Analysen, die er in seinem Buch Strangers, Gods and Monsters: Interpreting Otherness, London–New York: Routledge 2003 publiziert hat.

[5] Die zeitgenössische Exegese liest den Satz »Ich bin, der ich bin« nicht als Selbstbezeichnung Gottes oder als metaphysische Definition (der, dessen Essenz und Existenz eins sind, dessen Dasein gleichzeitig sein Wesen ist), sondern eher als *Ablehnung* Gottes, die Bitte des Mose zu erfüllen, dass er ihm seinen Namen mitteilen möge.

[6] Vgl. Joh 14, 13

[7] Herausragende Einleitungen in diese Art des Gebets – die zugleich praktischsten und tiefsten, die ich kenne – stellen die Bücher Das Jesusgebet: Anleitung zur Anrufung des Namens Jesu. Von einem Mönch der Ostkirche, hrsg. von Jungclaussen, E., Regensburg: Pustet 1989; Stinnissen, W., En bok om kristen djupmeditation (Christliche Tiefenmeditation) Örebro: Libris 1997 und insbesondere Jalics, F., Kontemplative Exerzitien. Eine Einführung in die kontemplative Lebenshaltung und in das Jesusgebet, Würzburg: Echter 1994 dar.

[8] Joh 14, 26.

[9] Zitiert nach: Rahner, H., Griechische Mythen in christlicher Deutung, Darmstadt: Wissenschaftliche Buchgesellschaft 1957, S. 473f.

[10] Vgl. Gal. 6, 14.

[11] Vgl. Gal 5, 24.

[12] Volf, M., Odmítnout nebo obejmout, a. a. O., S. 33.

[13] Vgl. Offb 7, 14.

[14] Offb 5, 9.

# 7. Stigmata und Vergebung

Der bereits verstorbene Prager Erzbischof Kardinal Tomášek, der, wenn ich mich nicht täusche, Augenzeuge des Atten-
tates auf Johannes Paul II. auf dem Petersplatz in Rom war,
erzählte mir einmal von einem Gespräch mit dem verletzten
Papst, als er ihn ungefähr zehn Tage nach dem Attentat im
römischen Krankenhaus besuchte. Auf die übliche Frage,
wie es ihm gehe, zeigte der im Krankenbett liegende Papst
mit seinen Augen auf seine verbundenen, an die Geräte ange-
schlossenen Hände und auf seinen verbundenen Bauch und
sagte mit einem Lächeln: »Nun ja, ich bin stigmatisiert!«

Diese Worte schossen mir in den darauf folgenden Jahren dreimal durch den Kopf: als ich den Papst sah, wie er
an der Schwelle zum neuen Jahrtausend zu Beginn des Heiligen Jahres 2000 in einer festlichen Zeremonie die Heilige
Pforte des Petersdoms öffnete, dann, als ich die tragischen
Augenblicke des 11. Septembers 2001 verfolgte, und
schließlich, als ich die kurze Fernsehaufnahme vom Besuch
des Papstes in der Zelle des Attentäters sah.

Es hat mich berührt und ergriffen, dass gerade dieser
Papst das Tor zum neuen Millennium öffnete und dass er
es mit den stigmatisierten Händen tat. War nicht das Attentat auf den Papst ein prophetisches Zeichen? Erfüllte der
Papst nicht dadurch, dass er an sich selbst, an seinem Körper eine Wunde trug, die sich nach fast einem Vierteljahr-
hundert als die bedrohlichste Wunde des bevorstehenden
Zeitalters – nämlich die Gewalt der terroristischen An-

griffe – erweisen sollte, eine ähnliche Aufgabe, die Gott der Herr den Propheten des Alten Testamentes auferlegte, nämlich dass sie durch ihr Schicksal und Verhalten symbolisch und warnend vorzeichnen sollten, was bald *auf das ganze Volk* zukommen würde?

Und beantwortete nicht derselbe Papst die Frage nach der wirklichen Heilung dieser Wunden dadurch, dass er nach den Jahren in der Zelle eben jenen Menschen vom Boden aufhob und umarmte, der so schmerzhaft und gefährlich nach seinem Leben griff? Vielleicht haben manch andere beim Anschauen dieser kurzen Fernsehaufnahme – die so auffällig an das berühmte Bild Rembrandts von der Rückkehr des verlorenen Sohnes erinnert – dasselbe erlebt wie ich: das Gefühl einer brennenden Sehnsucht, zumindest einen Augenblick lang dabei sein zu dürfen, und gleichzeitig Dankbarkeit dafür, dass unmittelbar darauf die Kameras ausgeschaltet wurden und die Medien aus dieser Rembrandt'schen Szenerie keinen sentimentalen Kitsch machen konnten.

Drehen Sie mir bitte nicht die Worte im Mund herum: Ich denke nicht, dass der Terrorismus aus der Welt verschwinden würde, wenn Präsident Bush zu Osama bin Laden gegangen wäre und ihn umarmt hätte (oder zu seinem Ersatz-Satan, den er statt jenem fand, zu Saddam Hussein). Ich meine nicht, dass die Taten des Papstes universell anwendbar wären und dass es zur Heilung der Wunden der Welt nur ein einziges Rezept gäbe. Ich weiß, dass es auch Momente gibt, in denen der Mensch sich selbst und andere mit der Waffe in der Hand verteidigen muss.

Eines gilt jedoch allgemein: Wir dürfen nicht der Gewalt und der Bosheit dadurch zum Sieg verhelfen, dass sie uns

auf ihr Spielfeld mitreißen, uns mit dem Gift des Hasses bei-
ßen, das unser Gehirn und unser Herz so sehr verdunkeln
würde, dass wir nicht mehr in der Lage wären, nüchterne
und verantwortliche Entscheidungen zu treffen; dass Gewalt und Bosheit uns zwingen würden, mit diesen falschen
Karten des Bösen zu spielen, mit denen sie selbst spielen;
dass sie unsere Zunge vergiften und unsere Lippen mit jenen
tötenden Worten beflecken würden, mit denen sie selbst den
Geist der Rache anfachen und die Spirale der Vergeltung in
Gang setzen, um die vernichtende Flamme des permanenten
Krieges in der Welt aufrechtzuerhalten. Nur wenn wir vor
dem Bösen moralisch nicht derart kapitulieren, dass wir *zu
seinem Bestandteil werden*, kann die menschliche Familie
vielleicht ohne Angst vor einer gegenseitigen Vernichtung
auf dem Weg des dritten Jahrtausends des christlichen Zeitalters voranschreiten, dessen Pforte der mutige Papst mit
den stigmatisierten Händen öffnete.

\* \* \*

An der Wand vor meinem Schreibtisch in Prag hängt schon
seit zwanzig Jahren ein großes, ein wenig expressionisti-
sches Bild, auf dem der auferstandene Christus seine riesigen, von den Nägeln des Kreuzes gezeichneten Handflächen
zeigt und durch das Gewebe seines Gewands seine Seitenwunde durchschimmert. Auch hier in der Einsiedelei liegt
eine Reproduktion eines Bildes mit einem ähnlichen Thema
vor mir; und die Eucharistie auf dem Altar – verweist sie
nicht auch auf dasselbe Geheimnis des Brotes, *gebrochen*
für die hungrigen Pilger?

Als der auferstandene, durch den Tod veränderte Jesus zum ersten Mal in den Kreis seiner Jünger kam (damals war Thomas, wie es geschrieben steht, nicht bei ihnen), als er ihnen zum ersten Mal seine Wunden zeigte und sich mit ihnen wie mit einer Identitätskarte legitimierte, kam er, um ihnen ein großes Geschenk zu bringen: *den Geist der Vergebung.*

Dieses »johanneische Pfingsten«, wie manche die Szene der Geistübergabe im Evangelium des Johannes bezeichnen, bietet nicht das »Geschenk der Sprachen« dar, wie die analoge Szene in der Apostelgeschichte, sondern *die Sprache der Vergebung.* Aber auch diese ist auch und vor allem ein Instrument zur Verständigung und zur Übereinkunft mit Menschen, die uns sonst fremd, ja sogar feindselig blieben.

\* \* \*

Vielleicht war das, was die Jünger am Auferstandenen am meisten schockierte, nicht die Feststellung, dass derjenige, den sie für tot hielten, lebt – denn solche Szenen gibt es einige in der Bibel und auch die Jünger selbst waren kurz zuvor Zeugen der Auferweckung des Lazarus aus dem Grab. Vielleicht besteht das wirklich radikal Neue an dieser Ankunft des Messias aus der Dunkelheit des Leids und aus den Händen der Feinde vor allem darin, dass er *nicht als Rächer kommt, sondern als der Vergebende* – und als der, der zur Vergebung auffordert und ermächtigt.[1]

Eines der letzten Gleichnisse, die Jesus seinen Jüngern erzählte, nimmt eine Schlüsselrolle ein für die Frage, was danach kommt, nach dem Tod Jesu. Es handelt sich um das Gleichnis von den bösen Winzern.[2]

Der Herr, der *in ein anderes Land reiste* (was Gott beziehungsweise die Gott symbolisierenden Figuren in den Gleichnissen Jesu auffällig oft tun), sendet zu den gierigen Pächtern seines Weinbergs einen Diener nach dem anderen – und schließlich seinen eigenen Sohn. Die Winzer jedoch, geblendet von ihrer Gewinnsucht und in der naiven Annahme, dass sie durch die Ermordung des Erben definitiv den Besitz des Herrn bekommen würden, töten ihn. Was macht nun der Herr mit den Winzern?

Zwei Evangelisten legen Jesus eine einigermaßen logische und erwartbare Antwort in den Mund, nämlich dass er sie *hart bestraft*. Aber einer der Evangelisten, Matthäus, lässt diese Antwort nur aus dem Mund der Jünger erklingen.[3] Jesus selbst beantwortet die Frage nicht direkt.

Erst die Auferstehung bringt den Jüngern die schockierende Botschaft, das unerwartete Lösungswort jener Geschichte, den überraschenden Ausgang des österlichen Geheimnisses: *Gott rächt sich nicht*. Jesus bringt den Frieden, den Geist und die Vergebung. Seine durchbohrte Handfläche ist wider die Flamme der Rache und der Gewalt erhoben und sagt: Genug!

\* \* \*

Wenn die Jünger nicht auseinandergelaufen wären, wenn sie, wie die Frauen und Johannes, den Mut gehabt hätten, unter dem Kreuz auszuharren, hätten sie eine offenkundige Andeutung des Ausgangs dieser Geschichte schon vom Kreuz herab gehört: Vater, vergib ihnen, denn sie wissen nicht, was sie tun.

Jesus spricht hier nicht als ein naiver, alles entschuldigender, treuherziger Mensch, der nicht wüsste, wie tiefschwarz die Bosheit derer ist, die ihn ganz bewusst und zielstrebig ans Kreuz brachten. Sie wissen, was sie *wollen* – und doch fehlt ihnen der letzte Sinn für das, was sie *tun*.

Jesus stellt ihre Tat in einen Kontext, den die von Bosheit geblendeten Augen nicht sehen können. Der, der *über ihnen* ist, sieht und erfüllt ihn in jenem johanneischen Paradoxon von der Erhöhung und der Erniedrigung. Nur aus jener schmerzhaften Sichtweise vom Kreuz herab und nur aus jener Perspektive, aus welcher der Vater auf das Opfer des Sohnes schaut – der, wie wir schon wissen, einen Augenblick später dem Sohn selbst als unendlich fern erscheinen wird –, ist es möglich, den eigentlichen Sinn des Osterdramas zu erblicken. Dieser Sinn geht den Akteuren der Kreuzigung völlig ab – ja, sie wissen nur das, was sie selbst wollen, wissen aber nicht, was sie in Wirklichkeit tun. Sie sind unbewusst Mitarbeiter an etwas, das sie nicht verstehen können – an einer Handlung, die *durch die Kraft der Vergebung den Mechanismus von Rache und Gewalt stoppt.*[4]

Die Feinde und die Mörder Jesu legen so Holz auf ein Feuer, das nicht mehr brennen und vernichten wird, sondern im Gegenteil das Licht aufscheinen lässt, in dem es möglich sein wird, einen Weg aus der Nacht des Hasses zu finden. Die Hände, die die »bösen Winzer« ans Kreuz nageln, werden nicht gerächt, wie die Zuhörer des rätselhaften Gleichnisses Jesu es wohl erwartet haben; diese Hände, am Kreuz durchbohrt, überbringen eine überaus schockierende Botschaft vom Herrn des Weinbergs. An der Stelle Gottes, der in ein anderes Land reiste, kehrt *der Erbe* zurück und sagt:

Genug! In der Welt gibt es schon genug Sünden, die ungeheilt nach Rache und nach immer weiterer Gewalt rufen. Und deshalb sage ich euch etwas, was die Ohren der Menschen in dieser Welt der Gewalt noch nicht gehört haben und was in das menschliche Gemüt, verdunkelt von der Gier nach Rache, noch nicht eingedrungen ist. Eindringlich rufe ich euch auf zum Werk der Genesung, der Vergebung: *Wem ihr die Sünden vergebt, dem sind sie vergeben. Wem ihr sie nicht vergebt, dem sind sie nicht vergeben.* Habt ihr denn nicht am Kreuz gesehen, wohin die Sünden führen können, die nicht vergeben werden, die Bosheit, die nicht geheilt wird, die Gewalt, die nicht *durch die Kraft dessen* gestoppt wird, *der die Wunde annimmt, aber sie nicht mehr weiterträgt?*

Solche Worte sprengen die Pforten der Hölle.

\* \* \*

Vierzig Tage lang zeigt Jesus seine Wunden und lehrt die Jünger die Kunst, Böses nicht mit Bösem zu vergelten. Und dann, am Tag der Himmelfahrt, entschwindet auch er geheimnisvoll »zu dem, der in ein anderes Land reiste«. Jetzt überlässt er uns die Geschichte als einen freien Raum, in dem wir bezeugen sollen, was wir von ihm gelernt haben. Jetzt sind wir *die Erben*, jetzt sind wir die Verwalter des Weinbergs.

Beim Blick zurück auf unsere christliche Geschichte müssen wir allerdings zugeben, dass wir nicht den Sohn, sondern häufig eher jene bösen Winzer nachahmten, die steinigten, schlugen und die Propheten töteten, die zu ihnen geschickt wurden. Gerade deshalb lag dem »Papst des Mil-

Stigmata und Vergebung

lenniums«, Johannes Paul II., so sehr an der *Heilung der Narben der Vergangenheit*, gerade deshalb öffnete er mutig vor den Augen der Welt die dunklen Seiten der Kirchengeschichte, um schließlich, zu Beginn der Fastenzeit des Heiligen Jahres 2000, öffentlich vor dem Kreuz Gott und die Menschen zu bitten, dass sie der Kirche alle Verbrechen vergeben mögen, die sie begangen hat und die sie jetzt eingesteht – denn auch wir fühlen uns verpflichtet, immer wieder all jenen zu vergeben, die an uns schuldig geworden sind.

Es besteht also eine gewisse Hoffnung darin, dass die Geschichte bisher immer weitergegangen ist. Es besteht eine gewisse Hoffnung darin, dass sich die Menschheit bisher nicht vernichtet hat, auch wenn ihr dazu effektivere, schnellere und leichter zugängliche Mittel zur Verfügung stehen als jemals zuvor. Es besteht eine gewisse Ermutigung darin, dass ein Mensch mit stigmatisierten Händen die Pforte zum neuen Millennium öffnete und uns im Geist der Vergebung zum Eintreten aufforderte – denn nur so können wir *die Schwelle der Hoffnung überschreiten*.

Anmerkungen

[1] Vgl. Joh 20, 19–23.
[2] Vgl. Mk 12, 1–8.
[3] Vgl. Mt 21, 41.
[4] Diesem Aspekt von Ostern widmete vor allem René Girard in seinen Werken viel Aufmerksamkeit, vgl. z. B. Girard, R., Der Sündenbock, Zürich: Benziger 1988. Im Geist Girards erörtert das Osterdrama auch der Theologe R. Schwager in: Schwager, R., Jesus im Heilsdrama. Entwurf einer biblischen Erlösungslehre, Innsbruck: Tyrolia 1990.

# 8. Klopfzeichen gegen die Wand

»Zwei Gefangene in benachbarten Zellen, die durch Klopfzeichen gegen die Mauer miteinander verkehren. Die Mauer
ist das Trennende zwischen ihnen, aber sie ist auch das, was
ihnen erlaubt, miteinander zu verkehren. Das gleiche gilt
für uns und Gott. Jede Trennung ist eine Verbindung«,[1] notierte Simone Weil.

Gilt dies nicht auch für unsere Wunden, für die, die wir
in unserem eigenen Leben und Herzen finden, für die Wunden der Menschen, denen wir begegnen, und auch für die
Wunden, von denen wir nichts wissen wollen? Verbirgt
nicht jede dieser Wunden – wie wir schon beim unterschiedlichen Blick des Pilatus und des Thomas auf die Wunden
Christi gesehen haben – die Möglichkeit sowohl der Trennung als auch der Verbindung in der Beziehung zu Gott,
oder – wie andere Gott nennen – zum Sinn des Lebens? Ist
die Erfahrung einer Verwundung nicht etwas, *was jenen
Sinn erschüttert* (und das Vertrauen in die Sinnhaftigkeit),
was oft unsinnig und widersinnig erscheint – jedoch auch
etwas, das *ein Weg zum tieferen Begreifen des Sinns* werden
kann, und zwar nicht nur des Sinns eines erlittenen oder
mitgetragenen Schmerzes?

Wenn hier von Wunden die Rede ist, haben wir nicht *nur*
körperliche Schmerzen vor Augen, auch wenn die verschie-
denartigsten Verletzungen, Krankheiten oder angeborenen
Missbildungen des Körpers solche Wunden sein können
und es oftmals sind. Es soll also nicht *nur* die Rede sein

von Armut, Gewalt und sozialer Ungerechtigkeit, auch wenn diese schmerzhaften – und oftmals, biblisch gesagt, »zum Himmel schreienden« – Schrecken selbstverständlich in der Aufzählung dessen nicht fehlen dürfen, was wir nicht aus den Augen verlieren dürfen. Es soll nicht *nur* die Rede sein von den Frakturen und tragisch vernachlässigten »Krebsgeschwüren« im Bereich der intimsten menschlichen Beziehungen, insbesondere in den Ehen und Familien, auch wenn dies Wunden sind, die gerade in unserer Zeit so viele Menschen vernichten und so viele langfristige und unheilbare Narben hinterlassen, dass wir für die Prävention und Heilung dieser »Zivilisationskrankheiten« eigentlich nie genug tun können. Es soll nicht *nur* die Rede sein von den vielen Schmerzen, an denen die Menschen um uns herum leiden, so dass wir sie nicht mehr nur als individuelle, private Symptome bezeichnen können, sondern als *Wunden der Zeit*, die mit unseren »sozialen Sünden« zusammenhängen – wie den Gefühlen von Verlassenheit, Entfremdung, Depression, Einsamkeit inmitten der Menschenmassen der Großstädte, der bitteren Trauer inmitten der Vergnügungsparks der Massenunterhaltung oder der unerfüllte Durst nach Liebe, Nähe und Zärtlichkeit inmitten der lärmenden Schlager, die das Wort Liebe in jeder Strophe herauf- und herunterdeklinieren. Dieses alles habe ich vor Augen und noch vieles mehr. Ich habe vor Augen »die Verwundungen des Glaubens« – und meine damit bei weitem nicht nur »die religiösen Schwierigkeiten« oder die Schwierigkeiten der religiösen, gläubigen Menschen mit der Kirche (auch wenn diese immer auch in die Aufzählung der Schmerzen gehören). *Jede wirkliche Verwundung ist nämlich auch (und vor al-*

*lem) eine Verwundung des Glaubens* und als solche hinterlässt sie womöglich Narben, die sehr lange brauchen, um zu
verheilen, weil sie oft nicht eingestanden werden, unerkannt
und unbehandelt bleiben. Jede echte Verwundung bringt
nämlich den Menschen aus jenem (meistens impliziten, un-
reflektierten) Ruhen *im Vertrauen auf den Sinn der Welt
und des Lebens*, aus dem wir alle in gewissem Maße die
Kraft zum Leben und Überleben schöpfen. Aus diesem
Glauben an, aus diesem Vertrauen in einen Sinn leben wir
alle, selbst wenn wir nicht alle diesen Sinn mit religiösen
Worten benennen oder bezeichnen.

Es ist jenes Ur-Vertrauen, das wir in einem gewissen
(wenngleich sehr unterschiedlichen) Maße wirklich alle
teilen – und insofern wir es teilen, sind wir gesunde Menschen, d. h. Menschen, die mit sich selbst im Reinen sind
und unsere Welt und unser Lebensschicksal bejahen können. Wenn etwas im Menschen eine »natürliche Basis der
Religion« darstellt (weit entfernt noch von allen ihren institutionellen, doktrinären oder rituellen Formen), dann ist es
gerade dieses »Ja« zu sich selbst und zum Kosmos, das wir
unreflektiert mit jedem unserer sinnvollen Gedanken und
jeder unserer sinnvollen Handlungen bestätigen. Das
Schmerzhafteste an unseren Verwundungen ist, dass sie uns
aus diesem Erleben von Sinn herausreißen, dass sie ihn in
Frage stellen (»Warum? Warum gerade ich? Warum dieser
und nicht ein anderer?«) – und die größte Gefahr der Wunden besteht darin, dass sie in uns dieses Ur-Vertrauen für
immer untergraben können.

Jedoch liegt in dieser Frage, die der Schmerz in uns er-
weckt, auch gleichzeitig die Gelegenheit, *dass wir jenen*

Klopfzeichen gegen die Wand

*Sinn suchen und finden* – dass wir das, was wir bisher unbewusst, implizit erlebt haben, nun zum Gegenstand des Nachdenkens und zur Sache des Herzens machen. Viele Menschen haben gerade in der Nacht des Schmerzes (und zwar eher an ihrem Ende als gleich an ihrem Anfang, erst in jener »Stunde vor Tagesanbruch«) diesen Sinn für sich neu entdecken und ihn sehr tief erleben können.

Der Schmerz wird dann zu jener Mauer, die uns vom Sinn (oder von Gott, wie manche den Sinn nennen) *abtrennt, aber gleichzeitig uns mit ihm verbindet* – falls wir vor der Mauer nicht dumpf sitzen bleiben, sondern »an sie klopfen« und vor allem dem Klopfen von der anderen Seite lauschen. Es ist jedoch wichtig, dass wir die Zeichensprache, auf die diese Kommunikation angewiesen ist, gut verstehen.

Vielleicht sollte »die religiöse Erziehung« (die eine junge tschechische Theologin und Pädagogin treffend als »Erziehung zur Nichtgleichgültigkeit«[2] bezeichnet) mehr sein als eine bloße Aneignung der Fakten aus den biblischen Geschichtserzählungen, sondern vielmehr eine Bemühung, *die Sprache dieser Symbole zu lernen*, ohne die wir, insbesondere in Zeiten von Lebensprüfungen, zu verzweifelten, isolierten Gefangenen zu werden drohen.

\* \* \*

Wir sprechen hier von den eigenen Narben, von den Verwundungen unserer Nächsten und von »den Wunden der Welt«. Wenn wir jetzt über sie aus der Perspektive des Glaubens nachdenken, dann merken wir, dass diese in eins fallen – alle sind *Wunden Christi*, insofern wir an das Geheimnis der Menschwerdung glauben – und dass es *unsere Wunden* sind, insofern wir uns bewusst werden, dass wir Gott nicht die Wunden der Anderen darbringen können, wenn wir uns nicht selbst mit den Verwundeten solidarisieren, wenn uns diese Wunden nicht berühren und unser eigenes Gewissen nicht verwunden, uns nicht beunruhigen, uns nicht aus der Gleichgültigkeit herausreißen. Vor Gott können wir nicht etwas darbringen, was nicht *gleichzeitig seines und unseres wäre*; denn außerhalb Gottes (und uns, insofern wir in ihm sind) existiert wirklich nur die »Hölle«.

Die gesegneten Sommerwochen hier in der Einsiedelei sind für mich jedes Jahr vor allem eine glückliche Zeit des Gebets (auch das Schreiben dieser Texte erlebe ich als eine Form des Gebets), des Lob- und des Dankgebets, aber auch des Fürbittgebets.

Was ist ein Fürbittgebet, worin besteht sein Sinn? Bedeutet es, Gott über die Bedürfnisse der Menschen zu informieren? Das wäre albern. Bedeutet es, das Leid der Anderen und die Schmerzen der Welt irgendwohin ins Jenseits zu schicken, mit der Aufschrift: »Kümmere Dich darum, Gott!«? Das wäre eine Selbsttäuschung in Form eines Alibis, Magie und Aberglaube, also genau das, was sich diejenigen »unter einem Fürbittgebet« vorstellen, die von dem wirklichen Geist und Sinn eines christlichen Gebets nichts wissen – nämlich die Atheisten, die es verspotten, und (leider) auch manche Gläubige, die es auf gerade diese Weise »praktizieren« und empfehlen.

Ein Fürbittgebet ist ein Gespräch mit Gott über das Leid der Anderen, das ich als mein eigenes Leid empfinde.

In diesem Gespräch – konfrontiert mit dem Wort des Evangeliums, in einer stillen Distanz von meinen eigenen eindimensionalen Emotionen, Wünschen und Ideen – lerne ich im Geist eines kostbaren Gebets das zu unterscheiden, was ich selbst verändern und was ich nicht verändern kann. Ich lerne, das als Eigenes anzunehmen, in dem ich mich zumindest irgendwie selbst engagieren kann, und bitte um den Mut und die Kraft zu helfen, nicht auszuweichen, nicht aufzuschieben, nicht zu vergessen, nicht die Augen zuzumachen.

Ich lerne jedoch, auch das Andere, *was ich nicht verändern kann*, wirklich »loszulassen« und aus der Hand zu geben – demütig und realistisch meine Grenzen zu erkennen, sich von den Utopien und Illusionen der eigenen »Allmacht« freizumachen, von der Überschätzung und der Überlastung der eigenen Kräfte; und dadurch kann ich dann auch die *vermeintlichen* Gefühle von Schuld, von Unrecht, von Zorn und von Ohnmacht loswerden; die ganzen Sorgen und den ganzen Stress angesichts der Tatsache, dass ich – da ich nicht Gott bin – manche Aufgaben Gott und denen überlassen muss, die er selbst für diese Aufgaben findet. *Gott gebe mir die Gelassenheit, Dinge hinzunehmen, die ich nicht ändern kann, den Mut, Dinge zu ändern, die ich ändern kann, und die Weisheit, das eine vom anderen zu unterscheiden.*

Ein Gebet ist keine beruhigende Droge und auch keine Gelegenheit, in die Schürze Gottes zu schluchzen, es ist die Schmiede Gottes, in der wir mit dem Wort des Evangeliums umgeschmolzen und in die Form Seines Werkzeugs geschmiedet werden sollen. Ein Werkzeug, das jedoch in Seinen Händen weder die Freiheit noch die Verantwortung verliert, zu entscheiden, wie und wozu es benutzt wird.

Ein Gebet ist kein Phantasieflug in den Himmel und keine Flucht in das Jenseits unserer Wünsche, im Gegenteil: Es wendet unseren Blick auf die Erde zurück, immer dann, wenn wir verträumt und passiv in den Himmel unserer Vorstellungen, Projektionen, Träume und Utopien schauen wollen – genauso wie am Tag der Himmelfahrt, als eine himmlische Stimme die Jünger des Herrn mahnte: Ihr Männer von Galiläa, was steht ihr da und schaut zum Himmel empor?[3] Dieselbe Stimme befreit uns von allen frommen Ausflüchten, sie lehrt uns, fest auf der Erde zu stehen, *der Erde treu zu sein*[4], sich bewusst zu werden, dass *der Boden, auf dem wir stehen*, heiliger Boden ist[5].

Im Gebet werden wir uns bewusst, dass *diese Welt* – eher als der Kant'sche »Sternenhimmel über uns und das Moralgesetz in uns« – jener Acker ist, in dem der Schatz Gottes verborgen ist.[6] »Der Acker ist die Welt«, sagt Jesus zu seinen Jüngern, als er ihnen das Gleichnis vom Sämann erklärt.[7]

Der Acker, auf dem Er unablässig arbeitet und wohin Er auch uns unablässig zu arbeiten schickt, ist jedoch auch unser Herz, unser Leben, das in diese Welt gesetzt ist. Es ist jener Boden, der sich durch die Qualität und durch den Umfang der Bebauung unterscheidet: Wenn das Wort Gottes in die Dornen fällt, geht es nicht auf, wenn es zwischen die Steine unserer harten, »unbeschnittenen« Herzen[8] oder ins flache Wasser unserer Oberflächlichkeit fällt, geht es ein und bringt keinen Ertrag.

Wenn wir uns beim Gebet vor das Kreuz oder eine Ikone stellen, dann soll für uns dieses Symbol kein magisch-heili-

Klopfzeichen gegen die Wand

ges Objekt sein, kein Zauberinstrument, sondern eine Erinnerung *(anamnesis)*, die uns aus unserem Träumen, aus unserem narzisstischen Kreisen um uns selbst herausreißt, uns aus der Versuchung zum Selbstgespräch hinausführt. Das Gebet ist ein Dialog; deshalb dürfen wir im Wasserfall unserer schönen und frommen Gedichte Seine Rede nicht überhören.

Die Antwort Gottes ist kein geheimnisvolles Flüstern, in das wir immer – ob naiv oder raffiniert – eigene Antworten einflechten könnten, die wir schon von vornherein hören wollten. Das göttliche »Klopfzeichen gegen die Mauer« unserer Gefängnisse hat nichts zu tun mit dem Tischklopfen bei spiritistischen Séancen, mit dem Lesen aus Karten, die wir schon verteilt haben, oder aus den Vogellebern, mit dem »zufälligen Öffnen der Bibel« und auch nicht mit dem, was wir uns von Predigern einreden lassen, die den vulgären Stil der amerikanischen Fernseh-Prediger nachahmen.

*Die Antwort Gottes ist unser eigenes Leben*, gelesen jetzt in Ruhe und mit gewissem Abstand, im Licht des Wortes Gottes, vor Seinem Gesicht. Ein Text, dessen oftmals verschlungene Chiffren wir mit dem Schlüssel des Evangeliums lösen können (und das Evangelium verstehen wir, wie schon gesagt wurde, immer wieder und immer tiefer durch die eigenen Lebenserfahrungen). Im Gebet und in der Meditation wird das Leben, dieser schnell verlaufende Strom von Erlebnissen, erst in *eine Erfahrung* verändert; umherfliegende Wortfetzen verändern sich zu einem sinnvollen Text, das zu heiße Eisen unserer Gefühle oder der Verbrennungen unseres Lebens wird auf dem Amboss der Schrift umgeschmiedet. Ja, das Gebet ist eine Schmiede Gottes, es ist nicht nur eine stille Ecke des wonnevollen Schlummerns der edlen Seelen, es geht hier manchmal sehr heiß zu!

Häufig spreche ich vom »Segen des unerhörten Gebets«. Erst angesichts einer solchen Erfahrung gerät der Mensch an die wirkliche Schwelle des Glaubens. Wenn der Mensch (oft nur im Verborgenen oder ohne es zuzugeben) Gott bis dato für einen Automaten hielt, der zuverlässig und fehlerfrei seine Bestellungen ausführt, muss er sich jetzt davon überzeugen lassen, dass »Gott so nicht funktioniert«, dass ein solcher Gott, als zuverlässiges, leistungsstarkes Gerät im Haushalt des Menschen, wirklich *nicht existieren* kann. Wenn der Mensch einen solchen Gott und eine solche Religion verwirft, dann tut er sehr gut daran. Erst dann nämlich öffnet sich ihm die Chance zu begreifen, dass es im Glauben und im Gebet eher darum geht, dass wir uns bemühen, die *Wünsche Gottes* zu begreifen. Hier sollen wir Kraft und Weisheit schöpfen und die großzügige Bereitschaft entwickeln, die Wünsche Gottes unseren Wünschen und Forderungen vorziehen zu können. Ein solcher Weg wird jedoch sicher kein breiter Weg für viele sein.

Das Gebet ist – ganz anders als das Vorlegen einer Liste mit unseren Bestellungen – »ein Sorgentausch«. Sorgt euch nicht ängstlich um euer Essen, Trinken, Wohnen und eure Kleidung, sorgt euch zuerst um das Reich Gottes und seine Gerechtigkeit, und alles übrige wird euch dazugegeben, sagt Jesus.[9] Dies bedeutet begreiflicherweise nicht, dass ich die Sache des Reiches Gottes Gott von den Schultern nehmen muss, um »das Reich« in eigener Regie zu realisieren. Die Ankunft des Reiches Gottes ist wirklich Gottes Job, nicht unsere Aufgabe; denn immer wenn sich die Menschen darum bemühten, mit all ihren eigenen Kräften und Möglichkeiten den Himmel auf Erden zu verwirklichen, verwandelten sie in aller Regel die Erde sehr bald in eine Hölle. Es bedeutet ebenfalls nicht, dass ich die alltägliche Verantwortung für meine Existenz, für meinen Lebensunterhalt einfach auf die Engel abwälzen kann, oder auf Engel in menschlicher Gestalt – wie viele »sorglose Fromme« quälten schon »die Engel« in ihrer Umgebung zu Tode, die sich von ihnen ausbeuten ließen?

Es geht darum, dass die alltäglichen »Besorgungen« den Charakter *einer ängstlichen Sorge* verlieren, die den ganzen Horizont des Menschen erfüllt und seine ganze Energie schluckt und letztendlich dazu führt, dass der Mensch nur um sich selbst kreist. Unsere vermeintlichen Sorgen zielen immer auf den Bereich des »Habens« ab (und das *nicht nur* von materiellen Dingen); und sie werden dort wirklich schädlich, wo das »Haben« aufhört, ein Mittel zu sein, und beginnt, ein Ziel zu werden.

Von dieser vermeintlichen Sorge und Ängstlichkeit kann ich mich nur dann befreien, wenn ich real nach einer bestimmten Werteskala lebe und wenn zwei Dinge für mich an erster Stelle stehen: dass ich offen bin für das, wodurch Gott den schmalen Horizont unseres Alltags durchbricht, und dass ich verantwortlich bin dafür, seine Geschenke zu erkennen und sie nutzbar zu machen.

Das Gebet und die Meditation sind eine Werkstatt, in der unsere *Grundentscheidungen* geformt werden, in der nach dem Zerfallen des flüchtigen Schaums der *Gefühle* der *Wille*, Gott zu antworten, reift – nicht wie bei Adam, versteckt im Gestrüpp der Ausreden, sondern *von Angesicht zu Angesicht*.

Das Gebet und die Meditation sind letztendlich auch der Ort der *Heilung der Wunden unseres Lebens*.

\* \* \*

Damit meine ich nicht eine »Heilung durch den Glauben« wie bei den Evangelisierungs-Massenversammlungen in den Stadien. Ich war immer der Ansicht, dass der christliche Glaube eher in Gestalt der Märtyrer in die Arenen gehöre, die dort von den Löwen gefressen wurden, als dass dort der Löwe, der akkurat von der Droge der Massenbegeisterung aufgeputscht wurde, zu schnell die nüchternen Einwände der kritischen Vernunft frisst. Ich habe nichts gegen eine erhabene Liturgie in den Stadien unter freiem Himmel bei Papstreisen und ähnlichen Gelegenheiten. Falls jedoch aus den Lautsprechern Kommandos erklingen wie »Wer an Christus glaubt, Hände hoch, Halleluja!« – die damit rechnen, dass der Wald der erhobenen Hände den Unschlüssigen zu jener Konformität bringt, die dann als Konversion ausgegeben wird –, dann erinnere ich mich daran, dass uns die katholische Liturgie bei jeder Messfeier auffordert: »sursum corda« – Erhebet die Herzen (und nicht die Hände)! Und ich erinnere mich daran, dass die christliche Tradition das Gebet als eine Erhebung *des Herzens* zu Gott – als eine Bewegung des Inneren, und nicht des Äußeren – definiert.

Gewiss, der Priester erhebt bei der Liturgie ebenfalls die Hände, jedoch ist diese Geste nicht durch ein Kommando aus dem Lautsprecher hervorgerufen, und im Unterschied zu den Massenevangelisierungen erinnert sie nicht an die einstimmigen Abstimmungen in den Parlamenten der totalitären Staaten. Das, was unseren Körper wirklich in Bewegung bringen kann – die Füße zum (Nach-)Folgen, die Hände zur Arbeit für das Reich Gottes –, ist ein verwandeltes Herz, nicht *die Atmosphäre*, das Feuerwerk von Emotionen, hervorgerufen durch Massensuggestion. Eine Verwandlung des Herzens ist jedoch nicht möglich, ohne dass dieses Herz ergriffen, ja selbst *verwundet* würde.

Den Begriff »Herz« verstehen wir hier biblisch – als *die Tiefe* des menschlichen Wesens, nicht als den bloßen Sitz von Gefühlen, Emotionen und Launen; »mit dem Ergriffenwerden des Herzens« meinen wir eine radikale Lebenswende, nicht einen bloßen Augenblick der Aufregung oder Rührung.

In der Reaktion auf die rationalistische und moralisierende Aufklärung, die das Gefühlsleben unterdrückte, bemühten sich zu Recht der alte Freud, die Psychoanalytiker und nach ihnen die humanistische Psychologie, die Emotionen zu rehabilitieren und zu befreien; durch den totalen Sieg und den enormen Einfluss der humanistischen Psychologie auf alle Gebiete der westlichen Kultur, Erziehung und Gesellschaft seit dem Ende der sechziger Jahre des 20. Jahrhunderts schlug das Pendel jedoch zum entgegengesetzten Extrem aus. Wir leben in einer Welt, in der *die Gefühle* alles diktieren und begründen, und diese Einseitigkeit verätzt langsam die menschlichen Charaktere.

Menschen, die *die Liebe* mit einer Gefühlsregung verwechseln, *fühlen* sich berechtigt, ihren Partner zu verlassen, wenn sie für ihn *nichts* mehr *fühlen*; Menschen, die *den*

*Glauben* mit dem frommen Erschaudern des Gefühls verwechseln, beginnen, sich in dem Augenblick für Atheisten zu halten, in dem ihr religiöses Leben endlich die Windeln zu verlassen beginnt und die Chance hätte, reif zu werden. Menschen, die *Hoffnung* mit optimistischen Gefühlen verwechseln, sind reif für den Selbstmord, wenn sie das Leben um die optimistischen Illusionen beraubt hat – obwohl gerade dieser Augenblickt die Gelegenheit wäre, die Kraft der Hoffnung zu bezeugen; wir sollen *Rechenschaft über unsere Hoffnung ablegen*, nicht über unsere Launen oder Stimmungen.

Der Glaube, die Liebe und die Hoffnung sind, von oben gesehen, aus der theologischen Perspektive, ein Geschenk Gottes, eine Tat Gottes, ein Eingießen der Gnade in unsere Seele. Es sind »theologische Tugenden«. Ich muss jedoch anmerken, dass ich jene, die *ausschließlich* auf dem Blick aus dieser »Perspektive von oben« beharren, manchmal verdächtige, dass sie sich zu sehr bemühen, »Gott über die Schultern zu schauen«. Auf den Glauben, die Liebe und die Hoffnung können wir auch *von unten* schauen, aus unserer alltäglichen menschlichen Perspektive: Es geht hier gleichzeitig um Akte der menschlichen Entscheidung, der menschlichen Freiheit am Kreuzungspunkt der Möglichkeiten: *Will ich – oder will ich nicht* glauben, lieben und hoffen. Wenn ich glauben will – Pascal wusste dies gut –, *dann* öffne ich mich vielen Argumenten der Vernunft für den Glauben; wenn ich nicht glauben will, werde ich das ganze Leben bereitwillig über immer neue Gründe für meinen Unglauben stolpern. Ähnlich ist es mit der Liebe und mit der Hoffnung – und auch mit der Vergebung.

Ein zeitgenössischer katholischer Exorzist, in dessen Büchern mich einerseits vieles aufregt, andererseits mich wiederum vieles staunen lässt, besonders was seine Kenntnis des menschlichen Charakters anbetrifft, fühlt sich dadurch irritiert, dass Menschen sagen, sie wüssten nicht, ob sie einem konkreten Menschen verziehen haben oder nicht. *Wenn du verzeihen willst, hast du schon verziehen*, sagt er dann zu ihnen; und fügt gleich hinzu: Das bedeutet jedoch nicht, dass deine Wunden, die dir dieser Mensch zugefügt hat, gleich zu schmerzen aufhörten, dass nie mehr die bitteren Erinnerungen dich überkommen würden oder dass du für diesen Menschen mit Gefühlen von Innigkeit und Sympathie entflammen würdest. Zur »Heilung der Wunden« bedarf es immer eines langen Weges.[10]

Ähnlich ist es mit der Liebe, fügt er hinzu: Auch die Liebe ist nicht nur ein Gefühl, eine emotionale Verfassung, sondern etwas ganz anderes und viel tieferes. Die Liebe und der Hass, behauptet er, sind eine Sache *des Willens*, und nicht der Gefühle und Sympathien. Wenn mir jemand sympathisch ist, bedeutet das noch nicht, dass ich ihn liebe, wenn er mir unsympathisch ist, bedeutet das nicht, dass ich ihn hasse: In Jesus erweckten die Pharisäer sicherlich auch keine Gefühle von Sympathie, man kann jedoch nicht behaupten, dass er sie hasste. Die Liebe besteht darin, dass ich dem Anderen Gutes wünsche und bereit bin, ihm dieses zu *erweisen*, so gut ich kann; Hass bedeutet, dass ich ihm Böses wünsche und bereit bin, es ihm auch anzutun, sobald sich dazu die Gelegenheit bietet.

Es ist vielleicht an der Zeit, nach einem langen Winterschlaf wieder *den Willen zu erwecken*, der von den Gefühlslawinen verschüttet wurde. Nietzsche hatte nicht ganz unrecht, als er behauptete, dass aus einem passiven Gläubigen ein Löwe werden sollte, der frei ausruft: *Ich will!*[11]

Der Unterschied besteht jedoch darin, dass jenes »ich will«, von dem hier die Rede ist, nicht ein einsamer stolzer König der Wüste sein soll. Unser Wille und unsere Freiheit sollen sich im Dialog mit Gott und dem Nächsten gestalten und reifen; unsere Freiheit kommt nur zur Erfüllung, wenn sie eine freie, schöpferische Antwort auf jene Aufforderung Gottes ist, die vielfältig in den Bedürfnissen und Wunden unserer Nächsten und unserer Welt eingeschrieben ist.

## Anmerkungen

[1] Weil, S., Aufmerksamkeit für das Alltägliche. Ausgewählte Texte zu Fragen der Zeit, hrsg. von Otto Betz, München: Kösel 1987, S. 102.

[2] Svobodová, Z., Nelhostejnost, Praha 2005.

[3] Apg 1, 11.

[4] »Ich beschwöre euch, meine Brüder, bleibt der Erde treu und glaubt denen nicht, welche von überirdischen Hoffnungen reden! Giftmischer sind es, ob sie es wissen oder nicht.« (Nietzsche, F., Also sprach Zarathustra I. Zarathustras Vorrede § 3).

[5] Ex 3, 5.

[6] Vgl. Mt 13, 44.

[7] Mt 13, 38.

[8] Vgl. Röm 2, 28–29.

[9] Vgl. Mt 6, 25; 31; 33.

[10] Vgl. Vella, E., Ježíš – lékař těla i duše (Jesus – der Arzt des Körpers und der Seele), Kostelní Vydří: Karmelitánské nakladatelství 2006.

[11] Vgl. Nietzsche, F., Also sprach Zarathustra I. Die Reden Zarathustras. Von den drei Verwandlungen.

# 9. Körper

Es ist schon einige Jahre her, dass ein Ehepaar in einer deutschen Stadt den Antrag stellte, dass von der Wand eines Klassezimmers das Kruzifix zu entfernen sei, denn ihr Kind könne nicht einen derart hässlichen Gegenstand anschauen. Daraus wurde allmählich eine Affäre, die schließlich in einen Beschluss des Verfassungsgerichts in Karlsruhe mündete, dass Kreuze aus öffentlichen Schulen zu entfernen seien. Einige Jahre später kam wiederum der französische Gesetzgeber nach langer Debatte über die Verschleierung muslimischer Schülerinnen, über welche die Medien ausführlich berichteten, zu dem Beschluss, dass in französischen Schulen sowohl der Schleier von Muslimas als auch (»auffällige«) Kreuze an christlichen Hälsen und Kippas auf jüdischen Köpfen *zum Tabu* werden sollten. (Wenn schon, denn schon ...) Schade, dass die Gesetzgeber nicht mehr so gebildet in der Phänomenologie der Religion sind. Sonst würden sie wissen, dass diese Symbole eine völlig unterschiedliche Rolle in diesen religiösen Systemen spielen, dass ein Kreuz für einen Christen wirklich nicht das Gleiche ist wie der Schleier für eine Muslima – aber sei es, wie es sei: Wenn ein Wald gefällt wird, sagte Väterchen Stalin immer, dann fallen Späne! Zur selben Zeit stimmten die Repräsentanten des vereinten Europas dagegen, das »Christentum« ausdrücklich in die Präambel des Entwurfs für den europäischen Verfassungsvertrag aufzunehmen.

Sei es, wie es sei! Europa wird sicher nicht mehr oder weniger christlich sein, wenn dieses Wort in der Verfassung steht oder nicht, und der Geist, den Christus zugesprochen hat, *weht, wo er will*, und sicher werden ihn weder amtliche Vorschriften noch eifrige Schulmeister vor den Türen französischer oder deutscher Schulen aufhalten. Zur Demonstration der bayrischen Katholiken, die vor dem Gerichtsgebäude in Karlsruhe mit dem Kreuz winkten, wäre ich wahrscheinlich nicht gegangen, auch wenn ich die Gefühle dieser Generation von Deutschen verstehe, die schon einmal das Abnehmen der Kreuze von den Schulwänden erlebten; tags darauf hing dann an deren Stelle ein amtliches Foto des Mannes mit dem Schnurrbärtchen und dem Seitenscheitel. Das Abnehmen der Kreuze ist an sich nicht so interessant – schließlich sind wir Katholiken daran gewöhnt, dass jedes Jahr in der Fastenzeit die Kreuze in den Kirchen verhüllt werden; manchmal ist es sogar notwendig, Symbole zu verdecken oder zu entfernen, an die wir uns so sehr gewöhnt haben, dass wir aufhören, sie wahrzunehmen. Erst durch ihre Abwesenheit gelingt es uns dann wieder, ihren Sinn zu entdecken, vielleicht sogar tiefer als zuvor. Viel interessanter ist es hingegen zu fragen, *was auf dem frei gewordenen Platz auftaucht.* Welche Festmahle bereiten uns die, die uns zum »Christentum-Fasten« auffordern? Vielleicht lernen wir die Werte unseres Glaubens erst im Vergleich mit dem schätzen, was umgehend ihren Platz einnimmt.

\* \* \*

An den Prozess über die Hässlichkeit des Kreuzes und über den nicht auszuhaltenden Blick auf die Wunden Christi erinnerte ich mich ein paar Jahre später, als ich Berlin besuchte und die Stadt mit Plakaten von Fotographien gehäuteter Leichen im wahrsten Sinne des Wortes überschwemmt war. In der U-Bahn, an jeder Straßenecke, an den Zeitungskiosken – überall waren bewusst schockierende Plakate für die gerade eröffnete Wanderaustellung eines amerikanischen Handlungsreisenden in Sachen menschlicher Überreste mit dem Titel *Bodies* – Körper aufgehängt.

Zur Ausstellung bin ich nicht gegangen, aber die Idee und die Tatsache, dass es möglich war, sie zu verwirklichen, erschien mir charakteristisch für den Zustand der gegenwärtigen Kultur und der säkularen Beziehung zum Tod, so dass ich sehr sorgfältig alles zugängliche Material, die Werbeaufnahmen und -spots durchsah und auch die weitreichende öffentliche Debatte, die sich in den deutschen Medien und in der Öffentlichkeit im Zusammenhang mit dieser Ausstellung entfaltete, ausführlich studierte. Ich versuchte, dies alles zu reflektieren und zu Ende zu denken, was ich in dieser Debatte an Argumenten pro und contra hörte. Besonders sprach mich die Initiative eines Berliner Priesters an, der für jene Menschen ein Requiem feierte, die statt im Grab im Schaufenster den Ort ihrer Nicht-Ruhe fanden, besabbert von den Sensationsjägern und professionellen Rekordbrechern in der Überschreitung der bisherigen Grenzen des moralisch und ästhetisch Annehmbaren.

Die Anthropologen halten seit jeher die Friedhöfe und die Existenz einer Begräbniskultur für das Zeichen, mit dem wir den Beginn der Gattung *homo sapiens* identifizieren und sie von seinen tierischen Vorfahren unterscheiden können; dort, wo diese Unterscheidung der Welt der Lebenden und der Toten verwischt ist, wo die Toten nicht mehr begraben werden, sondern für einen saftigen Eintritt in Vitrinen ausgestellt werden, endet vielleicht die Geschichte unserer Kultur und die Gattung homo sapiens, oder sie transformiert sich zumindest radikal in irgendeine andere, jedoch nur schwerlich edlere Gestalt. Auf alle Fälle habe ich diese Ausstellung als ein Zeichen wahrgenommen, das man nicht einfach unbeachtet übergehen oder als einen kurzfristigen Spuk abtun kann; es sagt nämlich etwas sehr Wichtiges – und meiner Ansicht nach Alarmierendes – darüber aus, was gerade mit dem Menschen und unserer Welt passiert.

Es würde mich sehr interessieren, ob die Eltern, die ihre Kinder so erfolgreich vor dem Blick auf die hässlichen Wunden Christi am Kreuz schützten, ihren Kindern auch vor diesen allgegenwärtigen Bildern die Augen verbanden oder ob sie diese Bilder im Gegenteil als Triumph der Aufklärung begrüßt haben, die das religiöse Dunkelmännertum mit ihren eigenen Symbolen ersetzt.

\* \* \*

Kein Jahr war vergangen, da war die Ausstellung Bodies auch in Prag eingetroffen. Es war eigentlich nicht dieselbe Ausstellung wie in Berlin, es war ihr Zwilling; beide amerikanischen Unternehmer hatten sich gegenseitig schon mehrfach verklagt und jeweils damit gebrüstet, wer die meisten Tabus gebrochen, die morbidesten Phantasien befriedigt und die höchsten Honorare kassiert hatte: Während in Berlin ein Toter auf ein gehäutetes Pferd gesetzt wurde und man dort eine aufgeschlitzte schwangere Frau mit der toten Frucht im Bauch sehen konnte, unterhielt in Prag sein Konkurrent das hochverehrte Publikum mit Leichen, die in grotesk-komische Stellungen wie die eines Volleyballspielers gebracht wurden: die zu Gott Heimgegangenen trieben hier Sport. Ein bisschen Spaß muss sein, sagte der Kurator der Ausstellung mit einem nekrophilen Gesichtsausdruck in die Kamera des Tschechischen Fernsehens. Eine Weile lang habe ich darüber nachgedacht, womit wohl ein dritter Unternehmer die Öffentlichkeit überraschen müsste, um dieses alles zu übertreffen und an der menschlichen Gier noch mehr zu verdienen, wenn der Maßstab des Annehmbaren bereits derart verzerrt ist: Wird er vielleicht Immobilien-Interessenten geschmackvoll hergerichtete Leichen als attraktiven Einrichtungsgegenstand für den postmodernen Haushalt vermieten oder verkaufen?

Fernsehen, Rundfunk, Presse und die Werbeplakate entlang der Autobahnen bemühten sich, wie sie nur konnten; der Prager Kulturbürgermeister, der die Ausstellung in der Stadtmitte selbst genehmigte, hat sie – aus Gründen, die ich nicht analysieren möchte – sehr gelobt; die Schlangen vor der denkwürdigen Prager Ausstellungshalle Lucerna sind länger und länger geworden, die Kassen füllten sich. Im Radio hörte ich, dass die Anzahl der Interessenten wächst, die nach ihrem Tod auch so gezeigt werden wollen; mir fiel ein, dass diese Art des nekrophilen Exhibitionismus es verdienen würde, als eine selbständige diagnostische Einheit in die psychiatrischen Lehrbücher aufgenommen zu werden. Sollte ich mich zu dem Ganzen öffentlich äußern, oder nicht?

Bisher hatte gegen die Ausstellung niemand etwas einzuwenden – die Tschechen sind doch eine sprichwörtlich tolerante Nation, insbesondere dort, wo sie überhaupt nicht tolerant sein sollten. Nur manche Leute machte der versteckte rassistische Unterton der Ausstellung stutzig – die Toten waren nämlich allesamt Chinesen. Ob ihre Körper aus den Gefängnissen und Hinrichtungsstätten für politische Gefangene geholt wurden, wie manche behaupteten, oder es Menschen waren, die nur wegen des Elends ihre Körper verkauften – es waren »nur Chinesen«; wenn der amerikanische Unternehmer auf eine ähnliche Weise tote *Amerikaner* ausstellen würde, ohne Stöße von notariell beglaubigten Einverständnissen vorzeigen zu können, hätte er sofort so viele Klagen und Gerichtsprozesse am Hals, dass er aufgrund der lebenslangen Bezahlung seiner Rechtsanwälte schließlich wohl seine eigene Haut an irgendein ähnliches Panoptikum verkaufen müsste! Sollte ich mich also dagegen äußern?

Als kurz zuvor die Sängerin Madonna bei ihrem Prager Auftritt ihre neue Show aufführte, bei der sie sich an ein effektvoll beleuchtetes Kreuz anbinden ließ, haben unsere Oberen dagegen Einwände vorgebracht. Jetzt schweigen sie.

Ich habe damals geschwiegen; stattdessen habe ich für Madonna gebetet – und das auch in den Fürbitten beim Sonntagsgottesdienst –, damit der Sängerin das Geschenk zuteilwerde, jenes Symbol tiefer begreifen zu können, mit dem sie so suggestiv in ihren Shows auftritt, und dass ihr die Kraft geschenkt werde, *das Kreuz* in ihrem eigenem Leben *tragen zu können*. Wer zum Schwert greift, wird durch das Schwert umkommen, sagt Christus. Vielleicht gilt dies auch vom Kreuz; wenn jemand mit diesem mächtigen Symbol nur lange genug effektvoll spielt, wird er vielleicht manchmal mit Überraschung feststellen müssen, wie schwer das wirkliche, unbeleuchtete Kreuz sein kann.

Vielleicht haben damals die Oberen auch deswegen geschwiegen, weil sie am Beispiel Madonnas lernen mussten, dass ihr Protest nur als Werbung wirkt, die die Attraktivität und die Besucherzahl des kritisierten Unternehmens erhöht, und als willkommener Vorwand für viele, die Kirche wieder einmal als griesgrämigen Zensor hinstellen zu können, der den Menschen das nehmen will, was ihnen gefällt.

Ich ahnte, dass mein Protest wahrscheinlich einen ähnlichen Effekt haben würde. Ich war mir auch bewusst, dass ich nicht mit einem moralisierend erhobenen Zeigefinger in den Ring steigen dürfte (denn so würde mir das sowieso ausgelegt werden), sondern eher mit der Munition der Ironie und des sarkastischen Humors. Ich habe mich also geäußert – und die Reaktionen ließen nicht lange auf sich warten.

»Was erlauben Sie sich, so eine schöne Ausstellung zu kritisieren? Niemand wird uns verbieten, eigene Ansichten zu haben, und uns befehlen, was uns zu gefallen hat und was nicht!«, regte sich ein empörter junger Mann in einem Internetforum über mich auf; in seiner Entrüstung merkte er nicht, dass er mir gleich in seinem ersten Satz eben jenes Recht absprach, auf das er sich selbst im zweiten Satz berief, nämlich eine eigene Ansicht zu einer Sache haben und äußern zu dürfen. Nein, ich hatte in keiner Weise die Absicht, ihm und wem auch immer zu befehlen oder vorzuschreiben, was er empfinden oder sagen, geschweige denn, was er denken solle; ich freue mich jedes Mal darüber, wenn jemand überhaupt *denkt*. Nicht nur, dass ich »die Schließung der Ausstellung« gar nicht verlangte – das ist Sache ihrer Betreiber und von Juristen, dass sie begutachten, inwieweit sie bestehende Gesetzte verletzt –, ich forderte auch nicht, dass alle mit mir einer Meinung sein müssten; es ging mir lediglich darum, eine öffentliche Debatte anzustoßen, und falls ich jemanden dazu bewogen habe, über die Sache mit seinem eigenen Kopf nachzudenken, selbst wenn er zu einem völlig anderen Schluss kommt als ich, bin ich ganz zufrieden, habe ich meine Arbeit getan!

Ja, die Debatte war in der Tat eröffnet, auch wenn in ihr – zumindest schien es mir so für eine Weile – solche Ansichten leicht überwogen, die ähnlich klangen wie die jenes empörten jungen Mannes.

»Wie können Sie über eine Ausstellung sprechen, auf der Sie gar nicht waren?« Aber ich weiß, was in der Ausstellung zu sehen ist. Wenn ich dort gewesen wäre, wäre meine Meinung von meinen *subjektiven Gefühlen* während des Besuchs bestimmt gewesen, ähnlich wie die meiner Opponenten, die damit argumentierten, dass *es ihnen gefallen habe*. Wer welche Gefühle hat, was jemand gefällt oder nicht gefällt, hängt jedoch davon ab, wie er erzogen wurde und wie empfindlich er ist, ob ihm vor kurzem beispielsweise nicht jemand verstorben ist, oder davon, was er kurz vor dem Ausstellungsbesuch gegessen hat; es sagt also etwas *über ihn* aus, nicht über die Ausstellung selbst! Ich will mich aber nicht darüber unterhalten, welche *Gefühle* die Ausstellung in einem erwecken kann (jeder hat sicherlich ein Recht auf seine Gefühle), sondern über die *grundsätzliche Frage*, ob tote Körper auf eine solche Weise ausgestellt werden dürfen oder nicht.

Wenn sich die Organisatoren der Ausstellung entscheiden würden, sie für »Kunst« auszugeben, würden sie viel besser ihre Gegner zum Schweigen bringen können, denn die postmoderne Ästhetik beharrt darauf, dass man die Grenzen der Kunst und der Nicht-Kunst, des Schönen und des Abscheulichen, des Qualitätsvollen und des Ausschusses nicht bestimmen kann. Man darf Leichen jedoch nicht als Kunstwerke über die Grenze bringen, und deshalb entschieden sich die cleveren Manager, um die Gesetze über den Umgang mit menschlichen Überresten umgehen zu können, ihren Vergnügungspark als Instrument der wissenschaftlichen Aufklärung zu deklarieren. »Das sind keine *Körper*, das sind *Exponate*«, korrigierte mich nachdrücklich der Prager Betreiber der Ausstellung in einer Fernsehdebatte; ich hatte ihn gebeten, er möge doch bitte den Zuschauern, die vielleicht nicht des Englischen mächtig sind, den überall plakatierten Ausstellungstitel übersetzen – *Bodies*.

»Die Ausstellung ist lehrreich!« Gewiss; wenn ich bei einer öffentlichen Hinrichtung oder Folterung anwesend wäre, wäre das unbestritten für mich lehrreich und ich würde eine Reihe interessanter Details über die menschliche Psyche und die Reaktionen des menschlichen Körpers erfahren; aber dieses Kriterium legitimiert weder Hinrichtungen noch Folterungen. Zur Belehrung über die Anatomie dienen anatomische Museen, wo es wirkliche *Exponate* gibt. In diesen herrscht aber meistens gähnende Leere. Wer sich über das

Sterben und den Tod *belehren* lassen will, kann zumindest zeitweilig als freiwilliger Helfer in Hospizen oder Zentren für Langzeiterkrankte arbeiten – dort gibt es jedoch keine langen Schlangen von Interessenten.

Nein, die Menschenmengen vor den Kassen drängten sich dort nicht aufgrund eines wissenschaftlichen Interesses, und diejenigen, welche aus diesen Kassen Millionen einsackten, wussten das nur zu gut: Sie haben Aufsehen erregt, ein weiteres *Tabu* gebrochen. Aber nicht alle Tabus sind unsinnig, nicht jede Überschreitung einer Grenze ist gut.

»Aber was hat denn die Kirche dazu zu sagen, die doch selbst sterbliche Überreste zur Schau stellt! Haben Sie noch nie in den Kirchen die Heiligen in den Kristallsärgen gesehen?« Ja, ich habe sie gesehen, allerdings kann man – mit der Pointe einer bekannten Anekdote gesagt[1] – das nicht miteinander vergleichen. Ich bin kein großer Fan von Heiligenreliquien; und sollte ich selbst irgendwann einmal heiliggesprochen werden, wäre es mir lieber, ich wäre Nahrung für die Würmer, als dass meine Überreste zerlegt werden würden wie die meines Namenspatrons, des heiligen Thomas von Aquin; ich würde aus dem Himmel wirklich nur ungern zuschauen, wie die Teile meines Körpers sich in verstaubten Sakristeien herumtreiben und ab und zu gerade von dem Typ von alten Damen geküsst würden, die mich zu Lebzeiten nicht ausstehen konnten. Dennoch kniete ich mehr als einmal ehrfurchtsvoll in einer stillen Kapelle vor dem Sarg meiner Lieblingsheiligen; sie liegt dort mit einer Maske auf dem Gesicht in ihrem Ordensgewand. Wenn wir ihr die Haut abziehen würden, ihr einen Volleyball zum Spielen in die Hand gäben, sie auf die Plakatwände an jeder Autobahn kleben würden, sie als eine Attraktion von Stadt zu Stadt führten und dafür abkassierten: das wäre tatsächlich etwas ziemlich anderes. Fällt es wirklich so schwer, diese Dinge voneinander zu unterscheiden?

»Und haben Sie die Beinhäuser in den Krypten der Barockkirchen gesehen?« Ja, auch die habe ich gesehen. Auch wenn sich mein Geschmack – und wahrscheinlich der Geschmack der Mehrheit der heutigen Christen – von dem des Barocks zumindest in dieser Sache durchaus unterscheidet, bin ich trotzdem in der Lage, die Aufschrift am Eingang zu lesen und zu verstehen: *Memento mori*! Lege deinen Stolz ab, erhöhe dich nicht über die Anderen – du näherst dich dem Ort, an dem wir uns alle gleich werden! Nutze weise die verrinnende Zeit, schiebe deine guten Absichten nicht auf, denn wenn du denen hier ähnlich sein wirst, verwirklichst du sie nicht mehr! Das sind die Botschaften der barocken Gewölbe. Aber was ist die Botschaft jener Ausstellung? »Schaut, was ich alles bereit bin zu verletzen, um das große Geld zu machen und eine Woche lang die Aufmerksamkeit der Medien zu erheischen!«

Oder ist die Botschaft dieser Ausstellung – abgesehen von der oberflächlichen und wenig ideenreichen Absicht ihrer Veranstalter – doch tiefer, aber gleichzeitig auch schreckenerregender?

Die Menschenmengen standen stundenlang in der Schlange nicht nur deswegen, weil von dieser Ausstellung viel im Fernsehen und beim Bier in der Kneipe die Rede war. Das Geheimnis des Todes und alles, was mit ihm zusammenhängt, ziehen den Menschen ganz natürlich an. Schon Platon schreibt in der »Politeia« an einer Stelle – als würde er die Ausstellung zweieinhalb Jahrtausende später vorhersehen – über die ambivalenten Gefühle von Menschen, die menschliche Leichen unter den Stadtmauern sehen – sie wissen, dass sie *nicht* hinschauen *sollen*, aber der Anblick lässt ihnen keine Ruhe, er zieht sie an, er ist »stärker als sie«.

Jenes verführerische *fascinans* des Todes und seiner Attribute besteht darin, dass wir im Tod vor den Toren eines Geheimnisses stehen, hinter dessen Mauern wir nicht blicken dürfen. Alle – Atheisten und Christen, Juden und Muslime – sind vor diesem Geheimnis »Gläubige«, die an ihre Auslegung dessen, was danach sein wird, *glauben*. Niemand wird jemals einen wirklichen Beweis noch eine Widerlegung erbringen können, doch die menschliche Neugier will nicht warten. Und so dürsten wir bei allem, was mit dem Tod unmittelbar zusammenhängt, unwillkürlich danach, zumindest einen Strahl aus der Tür zu erblicken, die sich gerade für jemanden anderen geöffnet hat und sich hinter ihm gleich wieder undurchdringlich schließt.

Der Tod ist vielleicht in einer Welt, in der die allgegenwärtige Industrie der billigen Unterhaltung allmählich alles absorbiert, banalisiert, profaniert und jeglicher Tiefe beraubt, die letzte Insel des Geheimnisses, das vielleicht nicht Angst, aber Furcht erweckte. Doch sieh an: Nun ist auch der Tod selbst in den Freizeitpark der Unterhaltung eingezogen! Für ein fettes Honorar kannst du dich sattsehen und deinen Kindern (sie erhalten ermäßigten Eintritt!) kannst du vergnügt Volleyball spielende tote Menschen zeigen, die als Affen in den Käfigen eines Tierparks, in diesem Schaufenster des ad absurdum geführten Materialismus ausgestellt sind. Was wollten eigentlich diese Voyeure eines totalen Striptease sehen, bei dem die Toten des letzten Restes ihrer Würde und ihrer Haut beraubt wurden, wenn nicht das, dass letztendlich der Tod selbst in einer elegant-koketten Geste das letzte Hemd seines Geheimnisses wegwirft?

»Hier gibt es nichts!«, riefen spöttisch die materialistischen Anatomen der frühen Moderne den Seelensuchern zu, als sie bei den öffentlichen Spektakeln zum ersten Mal menschliche Leichen in Stücke schnitten. »Hier gibt es nichts!«, riefen die Naturwissenschaftler den Gottsuchern aus ihren Seziersälen und Laboratorien zu, als sie mit den Messern und Scheren ihrer Theorien die Entwicklung des Weltalls und des Menschengeschlechts sezierten. »Hier gibt es nichts!«, rufen die Manager aus der Manege dieses morbiden Zirkusses denen zu, die auf der Suche nach dem letzten Sinn des Lebens und des Todes sind, indem sie den Tod selbst, nackt und banalisiert, in ein Exponat und eine Ware verwandelt haben. Nichts, nichts, nichts, gar nichts ist daran!

Gott ist in dieser Welt ein Nichts – und der Mensch muss sich auch zum Nichts reduzieren, damit er ihm begegnet wie ein Nackter dem Nackten. Aber *so* hast du das doch nicht gemeint, Meister Eckhart!

\* \* \*

Als ich die Fotos von den beiden Ausstellungen gesehen habe, sagte ich zu mir: So sieht wohl also die Hölle aus – eine totale *Depersonalisierung,* Entpersönlichung des Menschen. Keine zischenden Kessel, keine schmorenden Seelen,

keine Schreie aus den Folterkammern, wie sich die Barock-
phantasie das gerne ausmalte. Stattdessen: Stille. Nicht jene
meditative Stille der Kirchen oder der christlichen Friedhöfe, sondern eine totale Abwesenheit jeglicher Kommunikation: Diese Toten haben weder Namen noch Gesichter,
nichts, keine Angabe erinnert uns an ihre Lebensgeschichte.
In gewissem Sinne hatte jener Manager der Ausstellung
recht, dass es eigentlich keine Körper seien – es sind keine
Körper, die Ausdruck einer persönlichen Identität wären
(deshalb beharrt das Christentum so sehr auf der »Auferstehung *des Leibes*«!); es sind wirklich anonyme *Exponate*.
Aus den Menschen sind Exponate geworden, interessante
Gegenstände zum Zeigen und zum Ausstellen, für den einen
lehrreich, für einen anderen vielleicht unterhaltsam. Körper
ohne Gesichter hören auf, Bilder der Seele zu sein, sie spie-
geln nichts wider, sie weisen auf nichts Weiteres hin, sie sind
hier wirklich unkeusch »nackt« – ohne Namen, ohne Geschichte. Sie sind eine Nummer im Katalog, wie es die Gefangenen in den Konzentrationslagern waren.

Der nackte Körper am Kreuz hat seine Geschichte – er
ist ein tiefgründiger Hinweis, unerschöpflich in seinem Be-
deutungsreichtum (wie zwei Jahrtausende lang alle bezeugen, die vor ihm meditierten); er ist *eine Ikone* – ein Fenster,
das für den meditativen Blick zum Geheimnis des Vaters
und zum Geheimnis des menschlichen Schmerzes hin geöffnet ist.[2] Wenn uns dieses Zeichen nichts mehr sagt, wenn es
nicht zu uns spricht, weil wir ihm nicht zuhören können
oder wollen, wenn es für uns nur ein konventioneller Einrichtungsgegenstand in der frommen Ecke des Haushalts
oder das Logo eines »Kulturerbes« geworden ist, und für

andere wiederum »eine hässliche Sache«, dann ist es vielleicht natürlich, dass zunehmend gefordert wird, das Kreuz herunterzunehmen und zu entfernen. Vor einem fürchte ich mich jedoch: dass in den frei gewordenen Raum Körper ohne Gesichter und ohne Namen eintreten werden.

In den Kirchen beteten vor dem Kreuz mit der Gestalt des Mannes mit dem durchbohrten Herz unsere Vorfahren: Mache unser Herz nach deinem Herz! Wenn die Vergnügungsparks jener morbiden Exhibition und alles verschlingenden geistlosen Unterhaltung zu den Tempeln der Zukunft werden sollten, würden wir wohl kaum der Gefahr einer anderen Verwandlung entgehen: Es könnte dann passieren, dass wir selbst in ihnen langsam und unmerklich *Gegenständen, Dingen* zu ähneln beginnen werden, vertauschbaren Exponaten, Waren, Mustern ohne Wert.

Anmerkungen

[1] An der Synagoge war eine Aufschrift angebracht: Wenn du mit unbedecktem Kopf eintrittst, ist es, als würdest du Ehebruch begehen! Am anderen Tag schrieb jemand daneben: Ich habe beides probiert, aber man kann es nicht vergleichen!

[2] Mehr dazu (und über die »Theologie der Ikone«) im Kapitel »Veronika und das Siegel des Antlitzes«.

## 10. Schöne Braut, armselige Kirche

Erinnern wir uns nochmals an die Legende vom heiligen Martin, der in der strahlenden Erscheinung Christi – aufgrund der fehlenden Wunden – die listige Verkleidung des Antichristen erkannte.

Wenn ich einer erfolgreichen und sehr einflussreichen Kirche begegnen würde, die aufgrund ihrer unbestreitbaren Verdienste auf dem Gebiet von Caritas, Politik und Kultur glänzte, mit tollen Leitern, Theologen und Managern, die sich der Hochachtung und des Respekts aller erfreuen, einer Kirche ohne Schatten, ohne Makel, ohne Kratzer und schmerzliche Narben, würde ich ihr vor Schreck aus dem Weg gehen, denn ich wäre mir sicher, dass es sich um einen teuflischen Trick handelte. Wenn ich anfangen sollte, mich nach einer solchen Kirche zu sehnen, würde ich beginnen, den Exorzismus zu beten. Wenn ich einer evangelisch armen Kirche begegnen würde, voll von Demut und Heiligkeit aller ihrer Glieder, niemandem auch nur einen Anlass zur Empörung bietend, ja, jene schöne Braut, »die heilige, berühmte, makellose Kirche«, von der wir in der Schrift lesen[1], würde ich zugeben, dass sich dieses Mal die höllischen Maskenbildner noch mehr bemüht hätten. »Wo sind deine Wunden?«, würde ich fragen; wo sind all die Zeichen unserer menschlichen Schwäche, Sündigkeit und Kleingläubigkeit, wo ist die beständig verstaubte und schlammige Erde unseres Menschseins, in die Gott den Samen seines Wortes legte und aus der er den Menschen formte; wo ist die ewig unreine und unaufgeräumte Erde, auf die er sein Wort sendete und *Fleisch werden* ließ, seinen Sohn, und aus der also auch Sein *mystischer Leib* geformt ist, die Kirche – Menschen wie Sie und ich? Ist nicht vielleicht auch *die Geduld* ein wesentlicher Bestandteil der Treue, die zu halten wir Christus und seiner Verlobten, der Kirche, gegenüber verpflichtet sind? Gibt sie uns nicht die Kraft, allen illusorischen Versprechungen zu widerstehen, dass wir »die heilige, berühmte, makellose Kirche« schon jetzt und hier erblicken und erleben werden – und nicht, wie uns verheißen wurde, erst am Ende der Zeiten?

So wie die Göttlichkeit des Sohnes in seinem Kreuz verborgen ist und die Göttlichkeit des Vaters sich auch im finsteren Schweigen des Karfreitags verbergen kann, so wird die Authentizität der Kirche Gottes bis an die Schwelle zur Ewigkeit in den Ambivalenzen unseres Menschseins verborgen sein, immer wird es hier eine menschliche Kirche geben – fast *zu menschlich* und manchmal auch unmenschlich, so wie die Menschen unmenschlich sein können –, immer wird es hier *die verwundete und die verwundende Kirche* geben.

Wir können nur hoffen, dass die Kirche – vielleicht zumindest in unseren Zeiten – nicht mehr so verwundet wird, wie sie es in den Zirkussen der alten Römer oder unter den Guillotinen der Bekenner des Fortschritts und der Humanität oder in den Konzentrationslagern und auf den Hinrichtungsstätten des Nationalsozialismus und Kommunismus, der mexikanischen, spanischen, russischen, chinesischen, kambodschanischen oder kubanischen Revolution wurde. Wir können uns wohl sicher sein, dass die Kirche selbst nicht mehr ihre Söhne und Töchter verwunden und töten und die Welt so empören will (und zum Glück auch nicht kann) wie zu Zeiten der unsäglichen Bündnisse mit der Macht, in einer Reihe von Ehen, die zum Glück alle scheiterten.

Die wahrhaftige Kirche Christi, aus Menschen wie Sie und ich gebildet und mitten in einer Welt, die voll ist von Menschen wie Sie und ich, wird jedoch immer auf irgendeine Weise verwundet werden und wird selbst verwunden – und gerade an dieser *zweifachen Art* der Wunden ist es möglich, sie von der Hure Babylon aus der Apokalypse zu unterscheiden, die raffiniert in schickem Purpur und Scharlach gekleidet, mit Perlen, Schminke und mit den Parfüms einer scheinbaren Vollkommenheit aus dem Modesalon *Satan und Söhne* geschmückt ist. Ja, an dieser zweifachen Art der Wunden können wir die wirkliche, heutige, auf Erden und auf den krummen Wegen der zeitgenössischen Geschichte schreitende (und manchmal auch geschleifte) Kirche von jener strahlenden und unbefleckten Gestalt unterscheiden, die uns für *die letzte Zeit* verheißen ist. In der »vorletzten Zeit«, in unserer Zeit, kann aber selbst die schönste Illusion, zu unserer Täuschung geboten, dass diese Zukunft schon gekommen sei, in Wirklichkeit – trotz des ganzen Könnens der Höllenwesen – nur ihre klägliche Karikatur sein.

Sind die Wunden, mit denen die Kirche verwundet und gleichzeitig verwundet wird, nicht häufig dieselben Wunden? Wenn wir zum Beispiel an die Priesterskandale denken, die sicher nicht die einzigen und vielleicht auch nicht die schlimmsten der offenen Wunden der heutigen katholischen Kirche darstellen, jedoch in der Spiegelung des medialen Interesses sicher heute ihre sichtbarsten Wunden sind, dann ist offensichtlich, dass durch die Taten dieser Menschen die Kirche gleichzeitig verwundet wird und verwundet. Sie verwundet die Opfer solcher Taten, aber auch die Erwartung der außenstehenden Menschen – und zwar nicht nur jene unrealistischen Erwartungen und illusorischen Ansprüche an eine makellose Kirche, die logischerweise verwundet werden müssen; sie verwundet auch die ganz legitime Erwartung an die Glaubwürdigkeit und Zuverlässigkeit jener Menschen, die – wie ein tschechisches Sprichwort sagt –, *wenn sie Wasser predigen,* dann (trotz aller ihrer Schwächen) *keinen Wein trinken dürfen*, oder anders gesagt, dass die, von denen man zu Recht erwartet, dass sie einen guten Wein aufbewahren, nicht verdrecktes und vergiftetes Wasser ausschenken dürfen.

Mit diesen Zeilen fordere ich auf keinen Fall dazu auf, in den Bemühungen um die Wiedergutmachung der Fehler der Kirche zu resignieren. Die von ihren Kritikern erstellte Auflistung der Fehler könnte ich aus eigener unmittelbarer Erfahrung erheblich erweitern; ich selbst habe vielleicht zumindest ein wenig in manchen Initiativen und auch in einer Reihe von Konflikten gezeigt, dass ich die Forderung des Augustinus, dass die Kirche »semper reformanda«, ständig sich erneuernd sein sollte, ernst nehme. Jedoch warne ich vor der naiven Vorstellung und der gefährlichen zelotischen Utopie, dass dieses Werk in dieser Welt, in dieser Zeit *(saeculum)* zu sichtbaren Erfolgen führen wird.

Wir Tschechen[2] stammen übrigens aus einer Region und aus dem Blut der Hussiten – und ist nicht zumindest teilweise der heutige religiöse Zustand Tschechiens vielleicht eine etwas späte (und sehr paradoxe) Frucht jenes hussitischen Zelotismus, und zwar in einem etwas anderen Sinn, als es gewöhnlich interpretiert wird? Ist die Frustration an der Religion, der Abfall und die Gleichgültigkeit nicht oft nur die Rückseite und eine Folge der übertriebenen Erwartungen, unrealistischen Bemühungen und der (durch die eschatologische Geduld des Glaubens nicht gereinigten) Liebe, der Begeisterung und des Eifers?

\* \* \*

Am Übergang von der Kindheit zum Erwachsenwerden verliebte ich mich in die Gestalt des Jan Hus. Er war vielleicht der erste aus der Serie meiner Helden, die sich einander auffallend ähnelten: Es waren nie Krieger und Eroberer, aber immer Menschen, die in der Lage waren, allein gegen eine Mehrheit zu stehen, gegen die öffentliche Meinung, gegen die Macht, gestützt nur auf die Kraft ihres Gewissens.

Obwohl ich dank der Erziehung in meiner Familie nie – wohl nicht mal für einen Augenblick – von der kommunistischen Ideologie gebissen wurde, schluckte ich damals offensichtlich *bona fide* das Bild von Hus, das von der kommunistischen atheistischen Propaganda geschaffen wurde: Hus, ein Kämpfer gegen die katholische Kirche. Die katholische Kirche, von der ich real gar nichts wusste und die ich aus der direkten Erfahrung überhaupt nicht kannte, habe ich während meiner Pubertät einige Jahre lang leidenschaftlich gehasst. Deshalb habe ich vielleicht ein größeres Verständnis dafür, dass viele meiner Altersgenossen und Landsleute bis heute bis zu den Ohren von Pickeln des Hasses gegen die katholische Kirche übersät sind, oder, genauer gesagt, *gegen ihre eigene* – und noch dazu unkritisch übernommene – *Vorstellung von der Kirche,* ja gegen alles Katholische. Ich selbst bin auch in meiner Pubertät durch diese Phase gegangen.

Erst nach vielen Jahren habe ich begriffen, dass Hus in Wahrheit in seinen Bemühungen davon angetrieben wurde, dass *er seine Kirche*, die katholische Kirche (denn es gab keine andere, und er beabsichtigte nicht im Geringsten, eine andere zu gründen) *bis zum Verrücktwerden liebte* und er alle seine kritischen Bemühungen um Reformen aus Liebe zu ihr unternahm. Er war leidenschaftlich verliebt in die eschatologische Vision einer schönen Kirche ohne moralische Makel (von denen er real um sich herum viele gesehen hat), ohne »den Sauerteig der Pharisäer« (der sich auch zu seiner Zeit in den Bäckereien der Kirche besonders stark vermehrte). Für diese Vision hat er geschuftet, gelitten und ist er gestorben – auch wenn der Weg zu seiner Passion auf dem Konstanzer Konzil bei weitem nicht so gradlinig und eindeutig war, wie es uns die Tradition derjenigen weismachen will, die sich auf Hus berufen. Sie war eher ein unglücklich verwickeltes Nebenprodukt eines vielschichtigen Konflikts der verschiedensten ideellen, machtpolitischen, universitären, staatlichen und kirchlichen Interessen im damaligen Europa. Man muss es Hus hoch anrechnen, dass die Vision einer makellosen Kirche für ihn – im Unterschied zu den nachfolgenden Generationen seiner Bekenner – nie zum Streitkolben des Hasses wurde, mit dem das Blut von Schuldigen oder Unschuldigen vergossen wurde.

Lange nach meiner kindlichen Begeisterung für Hus und verhältnismäßig lange nach meiner Konversion zur katholischen Kirche habe ich viel Zeit und Energie in die Bemühungen gesteckt, dass der Name Jan Hus in der katholischen Kirche mit größerer Achtung ausgesprochen wird und dass die Gewalt, die die Kirche seiner Zeit an ihm verübte, von der Kirche der heutigen Zeit eindeutig verurteilt wird. Das ist nach Jahren in beträchtlichem Maße geschehen, und vielleicht konnte ich selbst einen kleinen Teil dazu beitragen. Wenn ich jedoch bis heute höre, dass Hus von der Kirche nicht nur »rehabilitiert« (was in diesem Zusammenhang ein etwas unglücklicher und irreführender Begriff ist), sondern gleich heiliggesprochen werden sollte, kommen mir gewisse Bedenken. Ich bin mir nicht sicher, ob sich Hus trotz der unstrittigen Reinheit seiner Absichten und der heiligen Motivation seiner Bemühungen – oder vielleicht gerade wegen ihnen – nicht doch in der Falle einer bestimmten »Häresie« verfing. Vielleicht nicht in der Falle einer Häresie der Glaubenslehre (das zu beurteilen überlassen wir den Spezialisten für die mittelalterliche Theologie), sondern in der »Häresie des moralischen Idealismus«: eine Häresie, die durchschnittlichen Menschen übrigens nicht droht; diese Versuchung ist nur den besten vorbehalten.

Und mehr noch: Ich kann mich der Frage nicht erwehren, ob Hus – der bald zum »Archetyp des Tschechentums« avancierte, zu einer vielverehrten Ikone, einer Projektion dessen, wie wir Tschechen uns selbst sehr gerne sehen würden – nicht im guten Glauben den Virus dieses Idealismus in die tschechische Kultur, in unsere Geschichte hineintrug, in den geistigen Organismus der Gesellschaft (falls so etwas existiert). Ich glaube nicht an die Chimäre eines »Nationalcharakters«, jedoch existiert meiner Ansicht nach ein gewisses *moralisches Klima,* ein gemeinsames Gedächtnis und eine Gemeinschaft der tradierten Werte. Diese wandeln sich selbstverständlich im Laufe der Geschichte – manche Motive verschwinden manchmal und andere kommen wieder zurück. Auch wenn die Aussage, dass »wir eine Nation von Hussiten sind«, eine lächerliche und leere Phrase schon zu der Zeit war, als sie in den politischen Leitartikeln geschrieben wurde, und erst recht heute ist, taucht doch in der Symphonie unserer Geschichte – sicher in vielen Variationen – das »Hus'sche Motiv« wiederholt auf. Vielleicht ist jener sarkastische, plebejische und etwas zynische Ton, den wir in unserer Kultur auch finden (am ausdrücklichsten wahrscheinlich in Hašeks Roman vom braven Soldaten Schweijk), gerade eine instinktive Abwehr gegen dieses Pathos »des moralischen Idealismus«.

Jener moralische Idealismus und der aus ihm resultierende moralische Rigorismus, jene übertriebenen Erwartungen und zu strengen Ansprüche haben jedoch oft Frustration, Überdruss und Resignation zur Folge. Wer nur das Beste will, kann oftmals das Gute nicht genug schätzen; wer nur einen idealen Partner haben will, schätzt nicht genug seinen eigenen, realen; häufig wird dann eine Beziehung, die gut sein könnte, zur Hölle von ununterbrochenen Vorwürfen und Enttäuschungen, und letztendlich wird sie höchstwahrscheinlich auseinandergehen.

Die Tschechen stellen die hohen Hus'schen Anforderungen nicht nur an die Kirche (um dann zwangsläufig zu dem etwas übereilten Schluss kommen zu müssen, dass die Kirche, da sie nicht ideal ist, zu nichts taugt), sondern auch an die Politik. Ohne dass ich zu Kritiklosigkeit oder zum Ablassen von bestimmten grundlegenden Forderungen und Grundsätzen raten möchte, gerate ich immer etwas in Verlegenheit, wenn ich jenes permanente pauschalisierende, nicht differenzierende Klagen in den Wirtshäusern über alles und alle in der demokratischen Politik höre. Wir können dieses Klagen in der Publizistik der ersten Republik finden, der jungen tschechoslowakischen Demokratie, und die Klagen klingen dort fast genauso wie in den heutigen Medien. Ist es dann noch verwunderlich, dass sich die Tschechen so wenig wehrten, als ihnen in den unmittelbaren Nachkriegsjahren die Freiheit und die Demokratie Stück für Stück genommen wurden, bis von ihnen Anfang der 50er Jahre (und zwar für fast ein ganzes weiteres halbes Jahrhundert) nichts mehr übrig blieb? Ist es verwunderlich, dass die verschiedensten Überreste von Vorurteilen, Verleumdungen und Ressentiments gegenüber der Demokratie und der Kirche aus der Zeit des Totalitarismus in den Köpfen von so vielen Menschen (auch von denen, die sich vom Kommunismus klar distanzieren) bis heute überleben – und alle unverkennbaren Fehler der Demokratie und der Kirche, von denen es immer genug gab, gibt und geben wird, ihnen eigentlich als willkommenes Argument für pauschale und deshalb unwahre und ungerechte Urteile dienen?

* * *

Während ich die Ruhe der Einsiedelei ohne irgendeine Verbindung mit der Außenwelt genieße, wird zu Hause gerade leidenschaftlich der Streit über die Restitution des Kirchenbesitzes, der Eigentumsrechte am Prager Veits-Dom usw. geführt. Bedauerlicherweise ist es gelungen, diesen Streit derart in die Köpfe der tschechischen Öffentlichkeit einzuschmuggeln, dass er sofort mit den Begriffen Gott, Glaube und Kirche assoziiert wird. Weil es mir sehr darum geht, dass diese Begriffe ganz andere, tiefere und wesentlichere Fragen und Wege des Nachdenkens eröffnen sollen, nahm ich mir fest vor, in diesen Streit nicht einzutreten und mich dazu nicht zu äußern. Erstens besitze ich für die Fragen rund um die ökonomisch-rechtliche Absicherung der Kirche tatsächlich nicht die nötige Fachkompetenz, zweitens will ich nicht denen in die Hände spielen, die behaupten, dass die Besitzansprüche das Erste, wenn nicht das Einzige sind, wofür sich die Kirche in Tschechien interessiert. Wenn ich jetzt für einen Augenblick in diesem Buch, das über die Wunden Christi meditiert, im Kapitel über die Wunden seiner Kirche diese Fragen berühre, dann sicher nicht deshalb, um hier irgendwelche praktischen Lösungen vorzuschlagen. Vielmehr sehe ich in diesem Streit ein Beispiel dafür, was ich weiter oben bereits erwähnt habe – ein Beispiel für eine gewisse Verwirrung zwischen dem idealen Bild der Kirche als der eschatologischen Braut und der Realität der Kirche, die als Pilgerin anzunehmen ist, schmutzig vom Staub unserer Wege. Mir tut es leid, dass sich die tschechische Kirche in dieser aufgeregten Debatte unnötig viele Wunden zuzog und (vielleicht ungewollt und unbewusst) auch eine Reihe von Verletzungen und Ärgernissen verursachte.[3]

Ich bin zu einer Zeit zur Kirche konvertiert, als diese jeglichen Eigentums und ihrer ganzen Macht beraubt war, und diese Kirche habe ich liebgewonnen. In ihr habe ich jahrelang als Priester gewirkt, der für seine Arbeit nicht nur in keiner Weise bezahlt wurde, sondern sich auch nicht vorstellen konnte, dass es irgendwann anders sein könnte. Wenn mich heute Christus nach diesen vergangenen Zeiten fragen würde, so wie er die Apostel gefragt hat, nachdem er sie völlig ungesichert auf die erste Missionsreise geschickt hatte: »Und fehlte dir damals etwas?«, würde ich antworten: »Nichts fehlte mir.« Ich bin wohl der Letzte, der sich nach einer reichen und mächtigen Kirche sehnen würde. Andererseits bin ich insoweit Realist, dass mir klar ist, dass wir in der Kirche nicht permanent romantisch auf die goldenen jungen Zeiten im Untergrund zurückblicken können, dass die Kirche für ihre Arbeit und angesichts ihrer völlig anderen Stellung in einem relativ entwickelten, reichen und demokratischen Land etwas andere ökonomisch-juristische Voraussetzungen braucht und dass es notwendig ist, in unserem Land in dieser Sache endlich voranzukommen.

Was kann aber ein Theologe überhaupt zu diesen Fragen sagen, auf welche Sätze der Schrift kann er seine Empfehlungen stützen? Eingeschworene Atheisten »zitieren« in diesem Streit ununterbrochen »die Bibel«, dass *die Kirche arm sein soll,* und fordern deswegen den Staat dazu auf, dass er den Kirchen nichts »gibt«. Jedoch: Das steht so nicht in der Bibel. Der Herr Jesus preist die Armen selig, die »den Geist der Armut besitzen«, aber er hinterlässt keine konkreten Instruktionen zur Lösung der Beziehung zwischen der Kirche und dem Staat oder zur Finanzierung der kirchlichen Aktivitäten. Auch ermahnt er den Staat nicht dazu, die Kirche zu bezahlen, genauso wenig wie er umgekehrt fordert, ihren Besitz zu beschlagnahmen und es abzulehnen, den beschlagnahmten Besitz zurückzugeben. Wenn jemand in der Kirche dem armen Christus folgen und gemäß seinen Worten sein ganzes Eigentum unter die Armen verteilen will, ist das lobenswert, gut und heilbringend, jedoch *ist es seine eigene Sache* und nicht die des Staates. Aufgabe des Staates ist es nicht, sicherzustellen, dass die Kirche oder eine beliebige andere Gruppe seiner Bürger arm ist; im Gegenteil, Aufgabe des Staates ist es, sich um die größtmögliche Prosperität möglichst aller Einwohner zu kümmern, ohne Ansehen des Geschlechts, der Rasse oder der Religion.

Weder die Seligpreisung der Armen noch die Schilderung des »apostolischen Kommunismus«, wie ihn die Apostelgeschichte schildert[4] – und der vielleicht wirklich für eine kurze Zeit in der jungen Jerusalemer Urgemeinde bestanden hat, in einer irrtümlichen Erwartung des baldigen Endes der Welt und der Kirche als der eschatologischen Braut –, können offensichtlich solche Lösungsansätze sein.

Ich denke vielmehr, dass in diesem Zusammenhang ein anderes Wort wichtig ist: *Sorgt euch nicht!* Sorgt euch nicht ängstlich darum, was ihr essen und trinken und was ihr anziehen werdet …

Habe ich meinen Verstand verloren? Vielleicht nicht ganz. Nicht im Geringsten fordere ich die Gesetzgeber auf, egal ob sie Christen sind oder nicht und egal welche Beziehung sie persönlich zu den Kirchen haben, dass sie sich nicht um eine gerechte und umsichtige Lösung dieser Fragen bemühen sollten – ganz im Gegenteil: Das ist ihre moralische und politische Verantwortung, die ihnen niemand nehmen kann. Nicht im Geringsten fordere ich die Bischöfe auf, dass sie aufhören sollten, mit Hilfe von qualifizierten Fachleuten Lösungen für alle Situationen zu finden, die auftreten können, denn es ist ihre Pflicht, sich um »den Haushalt Gottes« nicht nur eng gefasst in spiritueller Hinsicht zu kümmern, auch wenn dies ihre *erstrangige* Sorge bleiben muss. Aber auch die, die verpflichtet sind, sich um diese Dinge zu sorgen, sollten dies nicht *ängstlich*, nervös und mit einer Beklommenheit tun, die zu Fehlern und manchmal auch zu aggressiven und unglücklichen oder wirklich *unchristlichen* Handlungen und Haltungen führt.

Sich nicht ängstlich zu sorgen, das bedeutet zu wissen, dass es – wie auch immer dieser Streit ausgehen wird – gut sein wird bzw. gut sein *kann* (es kann jedoch auch schlecht sein), und zwar in wirklich allen Fällen. Und ich sage dies nicht deshalb, damit wir die Hände in den Schoß legen und passiv warten, wie die Sache ausgeht, sondern im Gegenteil: damit wir wachsam bleiben und vorbereitet sind, das Gute zu wählen und die Risiken des Bösen *in jedem möglichen* Fall zu minimieren. Denn es können verschiedene Varianten auftreten und unsere Antworten auf sie müssen ebenfalls verschieden ausfallen.

Wenn die Kirche in naher Zukunft relativ gut abgesichert sein wird, wird dies sicher von Vorteil sein, weil sie für diese Gesellschaft viele gute und wichtige Dinge wird leisten können. Es kann jedoch auch sehr schlecht sein, wenn die Kirche nicht lernen sollte, mit ihren Mitteln gut zu wirtschaften (früher konnte sie das meistens hervorragend, aber sie hatte über zwei Generationen keine Gelegenheit mehr, sich darin zu üben), geschweige denn, wenn sie sich zu einem Triumphalismus aufschwingen würde oder zu einem *übertriebenen* Kopieren des schlechten und korrupten Umgangs mit Eigentum, den wir heute leider überall um uns herum wahrnehmen können. Dass in der Kirche Fälle des korrupten Umgangs mit Eigentum vorkommen werden, dessen können wir uns genauso sicher sein, wie wir immer unter Priestern (ähnlich wie unter Lehrern oder zum Beispiel Leitern von Pfadfindergruppen) Pädophilen begegnen werden und wie wir auch in der Kirche (wie in der ganzen Gesellschaft) in jeder Verfolgungszeit auch Verräter und Spitzel finden: Vielleicht geht es nur darum, dass es von solchen Fällen nicht zu viele gibt. Wer an dieser Tatsache Anstoß nimmt (und wenn auch nur in dem Sinn, dass er darin das Alibi für seine eigene moralische Laxheit oder für sein Resignieren oder für das Verlassen der Kirche sucht), der ist ein Opfer der Häresie jenes moralischen Idealismus geworden – der will die himmlische Kirche dort haben, wo ihm Gott selbst nur die irdische, verletzte und schmuddelige, von Menschen wie Ihnen und mir geschaffene Kirche vorsetzt.

Wenn die Kirche nicht die nötigen Mittel bekommt, wie es in der zivilisierten Welt üblich ist, um in der Gesellschaft handlungsfähig zu bleiben – wenn der Staat ihr beispielsweise tatsächlich einen Großteil des beschlagnahmten Eigentums aberkennen würde –, dann würden die Gläubigen, die sich in Tschechien heutzutage vorwiegend aus sozial schwächeren Bevölkerungsschichten zusammensetzen, nicht in der Lage sein, aus eigenen Quellen adäquate Mittel für die Tätigkeit der Kirche »ad extra« aufzubringen. Und dies kann sowohl gut als auch schlecht sein – je nachdem, wie die Kirche selbst mit dieser nicht einfachen Herausforderung umgehen wird. Die Kirche würde in diesem Fall höchstwahrscheinlich am Rande der Gesellschaft überleben – und das würde nur dann schlecht sein, wenn es zur Resignation führen würde (wir können nichts tun!). Es würde dann gut sein, wenn sie diese Situation in der Kraft des Glaubens voll annimmt und schöpferisch neue Weisen zu suchen beginnt, *ihre Schwäche aus der Kraft des Kreuzes Christi zu leben*. Wenn sie ihre Situation am Rande der Gesellschaft wirklich annimmt – und zwar ohne das Gefühl zu haben, ungerecht behandelt worden zu sein – und (mit Hilfe einer ehrlichen und gewissenhaften theologischen wie auch spirituellen Reflexion auf diese Situation) als ein »Zeichen der Zeit« und eine echte Herausforderung versteht, kann sie aus dieser »Wunde« sogar heilende Kräfte für Andere schöpfen. Braucht nicht gerade die »Überflussgesellschaft« auch eine glaubwürdige Alternative zu ihrem Lebensstil und einen kritischen Spiegel, der ihren Sicherheiten und Idealen gegenübergestellt wird? Und werden nicht die Armen, die *wir allezeit bei uns haben werden*[5] (auch in der »Überflussgesellschaft«), etwas anderes benötigen als die mildtätige Hand der Reichen und den perfekt organisierten karitativen Dienst, nämlich menschliche Nähe? Diese kann dem Armen aber nur von demjenigen entgegengebracht werden, der die Armut nicht nur aus der Position einer eigenen materiellen Abgesichertheit, sozusagen von oben herab, betrachtet.

Diese mögliche Variante der »Kirche am Rande« wird allerdings für die Gesellschaft als Ganze nicht allzu vorteilhaft sein – denn in einen entleerten Raum lässt sich kein neuer »wissenschaftlicher Atheismus« nieder (dazu ist der Mensch viel zu sehr »unheilbar religiöses Geschöpf«), eher erobern ihn »Ersatzreligionen«, einschließlich sehr problematischer Sekten.[6] Für die Kirche selbst jedoch kann auch diese Situation gewisse neue Chancen bieten.

Welche Empfehlung kann ich also geben? Wachen wir, beten wir, denken wir nach, tun wir das, was in unseren Kräften steht – aber: *Sorgen wir uns nicht ängstlich!* Jeder Tag hat genug eigene Sorgen.

Vielleicht ist die eigentliche Gestalt und Charakteristik des »christlichen Lebensstils« nicht die Armut selbst, sondern jene Offenheit und Flexibilität, die Kunst – gemäß den Worten und dem Beispiel des heiligen Paulus –, *in Fülle zu leben und auch im Mangel zu leben*, die Kunst, *jede* Situation anzunehmen und zu verwandeln, die uns, als Kirche und als Einzelnem, das Leben (Gott selbst) darbietet.

\* \* \*

Wenn ich über die Kirche nachdenke, kommt mir letztlich immer das Schriftwort in den Sinn, dass wir den Schatz, der uns anvertraut wurde, hier auf Erden nur »in tönernen Gefäßen haben«[7]. Die Kirche als die schöne, makellose Braut ist für uns eine eschatologische Verheißung. In dieser Gestalt ist sie hier aber unsichtbar, so wie die Zukunft unsichtbar ist und wie Gott unsichtbar ist – und das, was wir von ihr sehen, verschleiert oftmals eher diese Gestalt, als dass sie sie uns näherbrächte. Trotzdem frage ich mich häufig, warum Luther, der so herrliche, tiefe, mutige Worte über den Gott geschrieben hat, der »sub contrario«, in Paradoxa, erscheint, der seine Kraft in der Schwäche versteckt, die Schönheit in der Hässlichkeit, die Heiligkeit in der Sünde, nicht denselben »hermeneutischen Schlüssel« in seiner Lehre über die Kirche und in seiner praktischen Haltung gegenüber der hässlichen »Papstkirche« verwendete. Aber inwieweit können wir über jemanden urteilen, in dessen Situation und Zeit wir nicht stehen? Wenn wir die Kirchengeschichte studieren – gerade auch die Zeit von Hus oder Luther –, dann müssen wir uns manchmal eingestehen: Gott sei gedankt für die Kirche unserer Zeit – trotz aller Skandale und Narben! Gott sei Dank für den Papst unserer Zeit; danke auch dafür, dass wir während unseres Lebens Menschen begegnen konnten, die ihre Treue zu Christus und zur Kirche durch Jahre des Leids hindurch bezeugt haben, die die Kirche von ihrer glaubwürdigsten Seite gezeigt haben – nämlich mit dem Zeugnis ihres eigenen Blutes und ihrer eigenen Wunden.

Der Ort, an dem in der Realität dieser Welt und dieser Kirche, die manchmal zu sehr in diese »Realität« einzutauchen scheint, zumindest für einen Moment und andeutungsweise »die unsichtbare Kirche« in ihrer verheißenen Schönheit durchschimmert, sind in der Regel nicht ihre institutionellen Strukturen und ihre Katechismen, auch wenn diese sicher notwendig sind. Für viele ist es auch nicht die Schönheit und die Kraft, die in den Symbolen der Liturgie und der Sakramente verborgen sind. *Der Ort sind vielmehr die Heiligen*, auch die nicht populären oder kanonisierten, und insbesondere die, in deren Wunden sich die beiden Bedeutungen des Wortes *martyr* – Zeuge und Märtyrer – verbinden. Sie bezeugen, dass die anmutige Schönheit der

Braut Christi nicht nur ein leeres und trügerisches Versprechen ist. In ihnen bricht diese Realität in die unsrige, niedere ein. In ihnen lässt die eschatologische Zukunft die Hoffnung in Ängste und Sorgen der Gegenwart einströmen. Was würden wir ohne sie tun? Könnten wir denn auf unserem Weg ausharren, wenn wir nicht einmal für einen Moment dadurch aufgemuntert würden, dass wir ein paar Töne der Musik aus dem Saal des Hochzeitsmahles zu Ohren bekämen, der unser Ziel ist, oder den Duft jenes Weines wahrnähmen, den Gott, der ein guter Ökonom und ein erfahrener Winzer ist, für jenen Moment aufbewahrt hat?

* * *

»Extra ecclesiam nulla salus« – außerhalb der Kirche gibt es kein Heil! Was habe ich mich mit diesem Satz des heiligen Cyprian gequält, was habe ich gegen diese hochmütig und arrogant klingende Aussage protestiert! Wie konnte ich sie mit jener völlig anderen Vision von Kirche versöhnen, mit jener, die mich in die Kirche geführt hat, mit der Lehre des Zweiten Vatikanischen Konzils, die besagt, dass die Kirche das Sakrament (also ein Symbol, eine Zusage und gleichzeitig ein Instrument) *der Einheit aller Menschen* ist – und deshalb zu ihr schon heute *auf irgendeine Weise jeder* Mensch gehört?

Das Konzil hat die Lehre über die Menschwerdung ernst genommen, aufgrund derer wir glauben, dass jeder Mensch schon durch sein Menschsein (und nicht nur erst durch seinen Glauben) mit Christus verbunden ist. Die Kirche als die »fortdauernde Menschwerdung«, als geheimnisvoller Körper Christi, als »Christus totus«, *umfasst* auf *geheimnis-volle Weise* (das heißt beim einzelnen Menschen nur schwierig »von außen« ganz feststellbar) *alle Menschen.* Als Zeichen dafür, dass letztendlich (aber eben erst letztend-lich, in der eschatologischen, endzeitlichen Zukunft) alle und alles in Christus vereint sein werden, streckt sie schon jetzt allen ihre Hand entgegen und öffnet sich allen, auch denen, die sich weit jenseits ihrer sichtbaren (institutionel-len) Grenzen befinden. Durch diese Lehre kann sich die Kir-che brüderlich mit denen verbunden wissen, die sie ableh-nen, ohne dass die Kirche naiv beanspruchen würde, dass diese ihre Haltung erwidern.[8]

Wir wissen, wo die Kirche ist, aber wir wissen nicht, wo sie nicht ist, wo ihre *wirklichen* Grenzen sind, schrieb der orthodoxe Theologe Paul Evdokimov. Und gerade diese Äu-ßerung ermöglichte es mir auf einmal, den berühmten Satz des heiligen Cyprian völlig anders als bisher zu lesen.

Vielleicht beantwortet die Aussage »Extra ecclesiam nulla salus« nicht die Frage, wo es das Heil gibt (bzw. wo nicht), sondern die Frage, wo die Kirche ist (bzw. wo nicht). Und sie antwortet im Geiste der »negativen Theologie«: Die Kirche ist nicht dort, wo Gott nicht wirkt, wo er nicht sein Heilswerk tut. Dort, wo Gott ist und seine eigentlichste Be-rufung tut, die Menschen zu retten – gibt er das Heil, also *ist* immer und überall, während der ganzen Geschichte, dort auch »auf irgendeine Weise« die Kirche. Das heißt im Klartext: Nur von der Hölle ist es wohl möglich, mit Sicher-heit zu sagen, dass dort die Kirche nicht ist. Und weil die Kirche die Zusage Christi bekommen hat, dass »sie die Mächte der Unterwelt nicht überwältigen werden«[9], können wir wohl darauf hoffen, dass sie diese Berufung zur Offenheit niemals aufgeben wird.

Besonders zu der Zeit, als ich mein geistiges Zuhause suchte und es in jener Kirche fand, die in den Untergrund gedrängt war und mit aller Gewalt isoliert von der übrigen christlichen (aber auch gesellschaftlichen und intellektuellen) Welt gehalten wurde, war für mich das Wissen wichtig, dass meine neue geistliche Familie keine hochmütige oder ängstlich verschlossene Sekte ist. Ebenso wichtig war das Wissen, dass auch diese erbarmungswürdige Kirche ein winziger, jedoch integraler Bestandteil nicht nur der auf den ganzen Planeten sich erstreckenden katholischen Kirche und nicht nur des bunten und reichen Organismus des ganzen Christentums ist; das Wissen, dass ich in der Familie der Kirche mit Menschen »verwandt« bin, wie dem heiligen Augustinus, Thomas von Aquin, Ignatius von Loyola, Pascal oder Mutter Teresa – aber dass ich, darüber hinaus, gerade in der Gemeinschaft der Kirche, durch ihre geheimnisvolle Offenheit, *irgendwie* (auf zwar geheimnisvolle, aber dennoch wirkliche Weise) auch mit Menschen wie Platon oder Laotse verbunden bin und auch mit Menschen, die mit Gott ringen, wie beispielsweise Nietzsche, »der frommste unter den Gottlosen«; das Wissen, dass ich auch zu diesen Menschen nicht nur im Rahmen einer physischen Entität (»der Menschheit«), sondern auch im Rahmen eines lebendigen geistigen Organismus (»der Kirche«) gehöre.

Ist dieses mystische Erleben des Geheimnisses der Kirche, *deren Schönheit in ihrer Offenheit besteht*, heute nicht umso notwendiger, in einer Zeit, in der die unterschiedlichsten Fundamentalisten die Grenzen zwischen den Kirchen und Religionen wieder verstärken und aus den religiösen Gemeinschaften befestigte und bewaffnete Einheiten machen wollen?

So wie die Blutzeugen schon jetzt die eschatologische *Wahrhaftigkeit* der Kirche inmitten ihrer zeitgenössischen, durch viele Kompromisse mit »dieser Welt« unglaubwürdig gewordenen Gestalt offenbaren, so offenbaren die, deren Gesinnung und Herz durch die Leidenschaft zu jener großen Einheit hin offen sind, ihre *Schönheit, auch wenn sie* häufig dadurch verwundet werden, dass die Kirche von heute zu dieser großherzigen Liebe in vieler Hinsicht nicht fähig ist. Mit jedem Gedanken, mit jeder Tat, mit denen sie sich bemühen, die Kirche, deren Bestandteil sie sind, aus der ängstlichen Abgeschlossenheit (aus der vor Angst verschlossenen Tür) in den Raum der Freiheit hinauszuführen, zu der uns Christus befreit hat[10], zur Nachfolge seiner großzügigen, alle umfassenden Liebe, werden sie tiefer und glaubwürdiger Zeugen der Kirche Jesu Christi als *des Sakramentes* (des Symbols, des Vorzeichens und des Instrumentes) jener Einheit sein, nach der wir uns in der Verborgenheit unseres Herzens doch alle sehnen.

## Anmerkungen

[1] Vgl. Eph 5, 27.

[2] Auch wenn in diesem Kapitel einiges zu den Verhältnissen in Tschechien und der tschechischen Kirche zu finden ist, so sollte dieses auch für die deutschsprachigen Länder von Interesse sein. Denn zum einen wird so deutlich, dass es verschiedene Arten von Wunden, von Gleichgültigkeit und auch von Nichtgleichgültigkeit gibt, die von nationalen, kulturellen und politischen Entwicklungen abhängen. Zum anderen kommen tiefer liegende Strömungen zum Vorschein, die im 20. und 21. Jahrhundert Menschen in allen Ländern und Kulturen betreffen.

[3] An dieser Stelle ein kurzer Hinweis, worum es in dem Moment, in dem ich diese Zeilen schreibe (August 2008), eigentlich geht: Der

tschechische Staat steht heute im Prinzip vor zwei Möglichkeiten – entweder nimmt er in irgendeiner Form das kürzlich vorgeschlagene Gesetz an (und gibt der Kirche einen Teil ihres Eigentums zurück und wird den anderen Teil in Form von langfristig zu erbringenden Leistungen zurückzahlen), oder er wird weiterhin die Verpflichtung erfüllen, praktisch alle Aktivitäten der Kirche zu decken; jene Verpflichtung, die er im Augenblick der Beschlagnahmung des Eigentums, das er immer noch besitzt, übernommen hat. Die dritte Möglichkeit, die – ganz im Geiste der Parole Voltaires: »Zermalmt die Niederträchtige« – in vielen radikalen Anträgen im Parlament, in Artikeln und einer Flut von Leserbriefen in den Zeitungen leidenschaftlich vertreten wird (und die offensichtlich dem großen Teil der Gesellschaft gefällt), nämlich weder etwas zurückzugeben noch etwas zurückzuzahlen und die Kirche »auszuhungern«, kommt praktisch nicht in Frage, weil dadurch die Tschechische Republik aus der Liste der Rechtsstaaten herausfallen würde, und das kann sie sich angesichts der Existenz von internationalen Gerichtshöfen und der großen Verflechtung mit dem Rest der zivilisierten Welt nicht leisten. Die Gegner der ersten Lösung legen der Öffentlichkeit ständig eine Zahl vor, die eine auf sechzig Jahre verteilte Summe einschließlich des gesamten Inflationsausgleichs darstellt, und rechnen mit einem zuverlässigen psychologischen Effekt: Wenn sich der Bürger (dem man vorher einredet, dass der Staat diese Summe »großzügig« den Kirchen »schenkt«) vorstellt, wie viele Halbliterkrüge Bier er für eine solche Summe Geld bekommen würde, verdunkeln sich seine Gedanken vor lauter Neid und Revolutionshass und es erwachen in ihm, wie Václav Kopecký, Minister der stalinistischen Regierung nach der kommunistischen Machtergreifung 1948 gerne sagte, »die hussitischen Instinkte unseres Volkes«. Die Befürworter der zweiten Lösung sind sich dagegen wohl nicht ganz bewusst, dass der Staat die Verpflichtung, den gesamten Betrieb der Kirche zu bezahlen, in dem Moment auf sich genommen hat, als er praktisch alle Aktivitäten der Kirche verboten hatte und Tausende von ihren Mitarbeitern ins Gefängnis warf; dauerhaft den gegenwärtigen Betrieb der Kirchen zu zahlen, der sich langsam dem nähert, wie die Kirche in freien und zivilisierten Gesellschaften arbeitet, kann erheblich teurer und wirklich unerträglich werden. Die Kirchen dazu zwingen, dass sie ihr Leben auf den Kirchenraum und die Sakristei wie in der Zeit der Unfreiheit reduzieren – selbst wenn vielen diese gestutzte Gestalt der Kirchen gefallen würde –, kann man aber wohl auch nicht mehr.

⁴ Apg 4, 32–35.

⁵ Vgl. Mt 26, 11.

⁶ Es kann auch um etwas Ähnliches gehen, was in der sog. »Kuřimer (Gureiner) Causa« zum Vorschein kam: Im Jahre 2008 kam bei einem Prozess gegen einige Frauen, die brutal Kinder gefoltert hatten, ans Licht, dass sie unter dem Einfluss einer Sekte gehandelt hatten, die sie zu diesem Erziehungsstil »der Auserwählten« gezwungen hatte; die Frauen waren einem solchen Ausmaß an »Gehirnwäsche« ausgesetzt, dass diese die in ihnen vorhandenen mütterlichen und menschlichen Gefühle und Mitgefühle betäubt hatte.

⁷ Vgl. 2 Kor 4, 7.

⁸ Der heilige Augustinus schrieb: »Denen, die zu euch sagen: Ihr seid nicht unsere Brüder, antwortet: Ihr seid unsere Brüder.« (Vgl. Augustinus, Ennarationes in Psalmos, Ps 32, 29; CCL 38, 272).

⁹ Vgl. Mt 16, 18.

¹⁰ Vgl. Gal 5, 1.

Schöne Braut, armselige Kirche

## 11. Der Ort der Wahrheit ist ein kleiner

Vor ein paar Jahren nahm ich an einer Debatte teil, die jeden Sonntagmittag um 12 Uhr im Tschechischen Fernsehen gesendet wird. Neben mir nahmen die stellvertretende Vorsitzende und der stellvertretende Vorsitzende der zwei größten politischen Parteien der Tschechischen Republik teil. Nachdem die Sendung vorbei war und der stellvertretende Vorsitzende und ich im Treppenhaus für einen Moment alleine waren, stellte ich ihm eine Frage, von der ich wusste, dass er mich wegen ihr höchstwahrscheinlich für einen Außerirdischen halten wird, der sich aus Versehen in die Welt der Wissenden und Erfahrenen verirrt hat; dennoch war ich sehr gespannt auf seine Antwort. »Herr stellvertretender Vorsitzende, wenn wir beide jetzt hier ganz alleine sind: Sie wissen doch auch, dass das, was Sie vor der Kamera die ganze Zeit behauptet haben, gar nicht die Wahrheit ist?« Der Politiker schaute auf mich herab in einer Mischung von Mitleid und Verachtung, wie ein prunkvoll gerüsteter Goliath auf den kleinen frechen Jungen, der ihm für einen Augenblick den Weg versperrt. »Wahrheit?«, wiederholte er dieses Wort mit solch einer Abscheu, als hätte ich mir erlaubt, vor ihm etwas Unanständiges zu sagen. »Mein lieber Herr, ich spreche zu meinen Leuten und Sie zu Ihren.« Dabei wird ihm in etwa Folgendes durch den Kopf gegangen sein: Wir Politiker, erfahrene Profis, sagen doch das, was die Menschen, die unsere potenziellen Wähler sind, hören wollen. Es geht uns darum, dass sie uns ihre Stimmen geben

und unsere Abgeordnetendiäten und die Möglichkeiten sichern, die uns die Demokratie bietet. Leisten wir uns nicht
deswegen die ganze teure Meinungsforschung? Die Frage,
was die Wahrheit ist, wie die Dinge in der Wirklichkeit sind,
interessiert uns überhaupt nicht. Sie ist völlig irrelevant,
nichtig. Wer das nicht begreift, sollte uns, den Kennern dieser grundlegenden Regeln der Politik, überhaupt nicht unter
die Augen treten; so ein naiver, kleiner, verdrehter Kerl
sollte sich nicht wundern, wenn ihm jemand bald einmal
den Kopf zurechtrückt!

Mir wurde bewusst, wie viele Menschen ihm für diese
Aussage zustimmend Beifall klatschen würden: entweder,
weil sie selbst dieselbe Ideologie haben und praktizieren
und genug Mut oder Zynismus haben, das ohne Skrupel zuzugeben, oder deshalb, weil sie sich für »Realisten« halten,
die anerkennen, dass es in der Politik eben so läuft, und die
resigniert haben, sich irgendeine Möglichkeit vorzustellen,
dass es irgendwann irgendwie anders sein könnte, geschweige denn, dass sie vielleicht selbst daran irgendetwas
ändern könnten: Das kann man doch nicht ändern!

Aber sagte ich im letzten Kapitel nicht, dass die
Demokratie – ähnlich wie die Kirche – immer unvollkom-
men sein wird, errichtet von Menschen mit ihren Gebre-
chen, ihren Fehlern und schlechten Neigungen, warnte ich
nicht vor dem Pathos eines moralischen Rigorismus, vor einem Idealismus, der in der Demokratie deshalb resignieren
muss, weil sie eine Regierung hat, die von Menschen und
nicht von Engeln gebildet wird? Warum sollte auf dem Ses-
sel des Herrn stellvertretenden Vorsitzenden ein Heiliger sitzen oder zumindest ein Mensch, der weniger zynisch und ar-

Der Ort der Wahrheit ist ein kleiner

rogant ist? Sind nicht die Politiker nur das Spiegelbild der Bürger, die sie letztendlich gewählt haben? Sollte nicht die Gesellschaft, statt sich zu beklagen und permanent ihre politischen Repräsentanten zu beschimpfen, eher sich selbst in ihnen wiedererkennen?

Habe ich überhaupt das Recht, mich über das Verhalten der Politiker zu ereifern, da ich mich selbst nach einem kurzen – ungefähr dreijährigen – Zögern, ob ich in der Politik mitmischen sollte, um einen *anderen* Stil und *andere* Werte zu bieten, letztendlich entschloss, dies nicht zu tun? Habe ich mich dadurch nicht selbst jenen Resignierenden angeschlossen, wenn ich nicht mehr bereit bin – wie ich es mir eine Weile überlegt hatte –, für fünf Jahre den geliebten Dienst am Altar, am Lehrstuhl der Universität und an diesem Schreibtisch in der Sommereinsiedelei zu verlassen? Statt mich für ein politisches Amt zur Verfügung zu stellen, entschied ich mich, in dem ablaufenden letzten Drittel meines Lebens die Zeit und die Kräfte für das wirklich Wesentliche, *unum necessarium*, aufzusparen.

Bei allen diesen Überlegungen hat mich immer wieder die Erinnerung an den verächtlichen Ton des Politikers gestört – und seine Schändung des Wortes »Wahrheit« brannte mir auf der Wange wie eine schallende Ohrfeige, letztendlich von dem verabreicht, der gesagt hatte: *Ich bin die Wahrheit*, der Weg und das Leben.

Am Abend dieses Tages las ich nochmals die Ostererzählung im Johannesevangelium. Es fiel mir ein, dass Pilatus seine Frage »Was ist Wahrheit?« vielleicht in genau demselben Tonfall aussprach, wie ich den Herrn stellvertretenden Vorsitzenden jenes Wort aussprechen hörte. Mir kam auch der Gedanke, ob Jesus nach der Nacht des Kreuzes und des Grabes nicht auch deshalb zurückkam und seine Wunden nicht auch deshalb zeigte, um uns deutlich zu machen, dass die Goliaths der Macht und die Jünger des Pilatus nicht immer das letzte Wort haben werden und dass ihr Spott über die, die sich der Frage nach der Wahrheit nicht entziehen, vielleicht etwas voreilig ist.

Warum zeigte sich Christus aber »nicht dem ganzen Volk«, wie die Schrift sagt, sondern nur denen, die er zu *seinen Zeugen* berief? Warum zeigte er sich nicht den Pilatussen und den stellvertretenden Vorsitzenden? Vielleicht deshalb, weil er uns mit dieser Aufgabe betraut hat. Uns, die sich zu ihm bekennen, ermächtigte er, dass wir »Zeugen für die Wahrheit« in der Umgebung sein sollen, in die wir gestellt sind – mit allen Konsequenzen, die das mit sich bringt. Und was für Konsequenzen dies haben kann, das können wir gerade in der Erzählung der Passion lesen.

Sicher, nicht jeder, der sich auf diesen Weg begibt, muss notwendigerweise am Kreuz enden, er sollte jedoch damit rechnen, dass ihn *die Torheit des Kreuzes* in den Augen der stellvertretenden Vorsitzenden, der Präsidenten, der Zyniker und der Pragmatiker, aber auch der resignierenden »Realisten« *stigmatisieren* wird! Damit meine ich nicht nur jene spektakulären Stigmata, die uns golden von den Bildern der großen Heiligen entgegenstrahlen. Es sind vielmehr auch die alltäglichen Stigmata, an die wir uns gewöhnen und die wir als etwas Normales annehmen müssen, als selbstverständliche Ausstattung eines Christen auf dem Weg der Nachfolge: die Stigmata derer, die sich »nicht richtig eingereiht« und eingerichtet haben, die aus der Reihe tanzen.

Ja, die Welt, in der der stellvertretende Vorsitzende nachdenkt, *ist für mich gekreuzigt und ich ihr* (vgl. Gal 6,14). Das bedeutet nicht, dass ich seine Welt gleich dämonisieren muss, und schon gar nicht, dass ich mich vor ihr fürchten oder sie ganz meiden müsste. Ich kann mich aus ihr auch gar nicht völlig absondern, weder mental noch physisch – denn wir alle leben hier in der Welt, und unsere Privat- und Gruppenwelten, die Welten unserer Werte, Träume und Interessen, durchdringen sich und werden sich durchdringen, solange »diese Welt« besteht. Wir sind *in der Welt*, und sind dennoch nicht *von der Welt*[1], je nachdem, wie tief wir in Christus sind. Das bedeutet: Wir können und dürfen nicht dem gegenüber *konform* sein, auf das sich Pilatus und *die stellvertretenden Vorsitzenden* verlassen, nicht dem gegenüber, wie sie sich zur Wahrheit und zur Macht stellen. Für sie ist die Macht heilig und die Wahrheit bedeutungslos und lächerlich; für uns muss die Macht die Aura der Heiligkeit verlieren, aber stattdessen muss uns die Wahrheit heilig bleiben.

\* \* \*

Wenn *die stellvertretenden Vorsitzenden* die Frage nach der Wahrheit ausrotten wollen (damit niemand mehr die selbstlegitimierende Sakralität der Macht in Frage stellen kann), verteidigen sie sich heute sehr klug. Sie werfen uns vor, dass wenn wir über die Wahrheit sprechen, wir uns dadurch stolz und arrogant in die Position der wissenden *Besitzer der Wahrheit* begäben, in Wirklichkeit aber gefährliche Agenten des Totalitarismus sind, während sie im Gegensatz zu uns die Freiheit und die Demokratie verteidigten.

Denn sind nicht sie ein Bestandteil der demokratischen Politik, ist ihre Macht nicht durch die Stimmenanzahl in den Wahlen und durch die Kraft der Mehrheitsmeinung legitimiert, die sie vertreten (und die sie zuvor mühsam geschaffen und manipuliert haben)? Wer hat uns das Mandat erteilt, sich ihnen egal wie in den Weg zu stellen und sich zu erlauben, ihr Handeln in Frage zu stellen? Solange wir regieren, könnt ihr nichts tun und nichts sagen, was uns nicht gefällt, lassen sie uns ausrichten. Ihr könnt allenfalls auf die nächsten Wahlen warten, damit sich in ihnen wieder zeigt, was für eine bedeutungslose Minderheit ihr seid und wie dagegen wir wieder fabelhaft in der Lage sind, das auszudrücken, was die Menschen denken, die sich mit dem Denken lieber nicht aufhalten! Und wir haben unsere Mittel. Wir wissen, welchen suggestiven Slogan wir rechtzeitig dort in den Ring werfen können, wo die Gefahr bestünde, dass die Menschen zu *denken* anfangen. »Sie sprechen für ein Prozent der Bevölkerung, die mein Unternehmen nicht am Leben erhalten werden«, sagte einmal der Besitzer eines erfolgreichen privaten Fernsehkanals zu mir.

Aber auch hier lügen *die stellvertretenden Vorsitzenden*: Wir halten uns nicht für Menschen, die im »Besitz der Wahrheit« sind. Wir fragen nach der Wahrheit – und gerade diese *Frage* hat jene *umstürzlerische Kraft* gegenüber dem Machtmonopol, die die Mandarins der Politik erahnen und sich deshalb vor ihr zu Recht fürchten.

Jesus lehnte es ab, dass man ihn auf den Straßen der Welt »Messias« und »König« nennt; nicht deshalb, weil er es nicht wäre, sondern deshalb, weil sich seine Messianität und seine königliche Würde erst im Drama der Passion zeigen durften. Dort zeigen sie sich nämlich als das, was sie wirklich sind: als das Paradox der *Macht der Machtlosen*, als Anspruch, der aus der Galerie der Könige, der stellvertretenden Vorsitzenden und der Messiasse, die diese Welt aufbietet, herausragt; als Anspruch, der sie und ihre Ansprüche in Frage stellt. Auf die Frage des Pilatus nach der Wahrheit bietet Jesus – im Unterschied zu allen »Besitzern der Wahrheit« – keine Theorien, Slogans und Definitionen und keine Ideologie. *Er schweigt.*

In seinem Schweigen, in seiner Ohnmacht, in seinem Kreuz offenbart sich jedoch (vielleicht zum ersten Mal und zum letzten Mal) die Wahrheit, nicht kontaminiert mit irgendwelchen Verbindungen und Kompromissen mit der Macht und den Machtinteressen. Hier steht, wie wir schon gesagt haben, Christus – die Wahrheit als *der Spiegel*, in dem sich die Welt, der Mensch und Gott zeigen, wie sie wirklich sind. Wir finden hier keinen Anspruch eines »Totalitarismus« in der Art der totalitären Ideologien oder Regime dieser Welt. Der Blick in den Spiegel gibt keine Antwort wie die Antworten in den verschiedensten politischen und religiösen Katechismen jeglicher Couleur; er ermöglicht es nur zu *sehen*[2] – und lässt die Frage offen, wie wir das Gesehene auslegen und wie wir darüber (und über uns) verfügen werden.

Auch wir mit unseren kritischen Fragen, die wir der Macht stellen, halten ihr nur den Spiegel vor und überlassen es der Macht selbst, ob sie in ihn schauen oder ihn zerschlagen will: »Es interessiert mich nicht, wie die Dinge sich verhalten, ich bin nur ein Jäger der Zustimmung, ein Stimmensammler.«

Aber wenn *die stellvertretenden Vorsitzenden* »Stimmen sammeln«, dürfen wir uns unsere nicht nehmen lassen – und damit meine ich nicht nur die »Wahlstimme« in Gestalt eines in die Wahlurne eingeworfenen Papiers, sondern vor allem die »Stimme des Rufers in der Wüste«, die Stimme, die sich immer mit unpopulären Fragen erhebt. Die Demokratie als solche ist mit ihren Mechanismen nicht in der Lage, die Freiheit der Gesellschaft zu gewährleisten; sie kann ihr *helfen*, aber nur da, wo es in einer Gesellschaft Menschen gibt, die denken und frei über die Wahrheit diskutieren.

Nein, wir sind nicht »Besitzer der Wahrheit« – und unser Glaube verbietet uns sogar streng, sich für etwas Ähnliches auszugeben. Wenn wir glauben, dass »Christus die Wahrheit ist« (und dass *nur Er* von sich sagen konnte: »Ich bin die Wahrheit«), und wenn wir bekennen, dass »wir an Christus *glauben*«, dann gestehen wir damit ein, dass *wir nicht Jesus Christus sind, dass wir nicht die Wahrheit sind* – und müssen deshalb auch der Versuchung widerstehen, dass wir uns als die »Wahrheit« bzw. als Monopolisten der Wahrheit aufspielen.[3]

Wir »besitzen nicht« Christus. Der Gegenstand des Glaubens – und nicht einmal der Glauben selbst – ist kein Besitz, sondern eine Verpflichtung. Christus verpflichtet uns, *ihm zu folgen*, die Wahrheit zu suchen und darin nicht nachzulassen. »Denn dieses Leben wird durchlaufen, nicht indem wir Gott haben, sondern indem wir ihn suchen«, schrieb Martin Luther. »Immer müssen wir suchen und fragen, d. h., wieder und wiederum suchen. [...] Denn nicht wer anfängt und sucht, sondern ›wer beharret‹ und nachsucht ›bis ans Ende, der wird selig‹ (Mt 10,22), indem er immer wieder beginnt, sucht und das Gesuchte immer wieder durchsucht. Wer nämlich auf dem Wege Gottes nicht vorwärts schreitet, der fällt zurück. Und wer nicht sucht, verliert das Gesuchte, weil man auf dem Weg Gottes nicht stillstehen darf.«[4]

Sich mit der Wahrheit zu identifizieren und sich als Besitzer der Wahrheit auszugeben ist ebenso eine Sünde, wie wenn man aufhört, sich für die Wahrheit zu interessieren, und ins Lager der Zyniker überläuft.

Wenn die Kirche und einzelne Christen die Prophetenaufgabe erfüllen sollen – sich der Macht in den Weg zu stellen, die die Frage nach der Wahrheit verachtet –, dürfen sie dabei nicht einmal für einen Moment in jenem selbstkritischen, demütigen Fragen nachlassen, ob sie selbst in der Wahrheit stehen und wie sie selbst diese verstehen. Die Wahrheit stellt nicht nur an die Anderen einen Anspruch, sondern vor allem an uns selbst. Der äußere Kampf mit denen, die die Wahrheit verachten, und die Wunden, die wir in ihm eventuell erleiden, dürfen uns nicht wie ein Alibi vom inneren Kampf um die eigene Wahrhaftigkeit und von jenem besorgten Fragen wegführen, inwieweit wir selbst in Demut offen für die Wahrheit sind.

*Außen Kämpfe, innen Ängste* – so beschrieb diesen Zustand der heilige Paulus.[5] Dieses ist jedoch der normale Zustand jedes »Gotteskämpfers«, sofern er nicht zum »religiösen Terroristen« mutieren soll (wenn auch vielleicht in einer eleganten westlichen Ausführung).

»Über die Wahrheit kann man nicht diskutieren« – diesen schrecklichen Satz hörte ich nicht von einem Repräsentanten der politischen Macht, sondern von einem Repräsentanten unserer Kirche.⁶ Aber worüber sollte man diskutieren, wenn nicht über die Wahrheit? Wenn die Kirche beginnt (oder nicht aufhört), die ihr anvertraute Wahrheit für *ihren Besitz* anzusehen, statt sie als Verpflichtung zu begreifen, kann sie in der Welt nicht die Prophetenrolle erfüllen und hat jeden Kampf mit der zynischen politischen Macht schon von vornherein nicht nur physisch und politisch, sondern auch moralisch verloren. Dann steht hier »die Macht gegen die Macht« (und letztendlich kann die eine von der anderen nicht mehr unterschieden werden, so wie die Tiere und die Menschen am Ende von Orwells *Animal Farm*) – und wer in diesem Kampf sicher verliert, ist die Wahrheit selbst.

\* \* \*

Der kroatische Theologe Miroslav Volf, den ich an vielen Stellen dieses Buches zitiere, schrieb über die Wahrheit und über den christlichen Dienst, »Zeugnis für die Wahrheit abzulegen«, einige der schönsten Sätze, die ich zu diesem Thema von einem Theologen gelesen habe. Er schreibt unter anderem: »Die Wahrheit wird euch frei machen, sagt Jesus. Wozu wird sie uns frei machen? Sie wird uns dazu frei machen, dass wir den Weg von uns selbst zu den Anderen und zurück beschreiten und so unsere gemeinsame Geschichte sowohl aus unserer als auch aus ihrer Perspektive erblicken, statt dass wir uns vor ihnen verschließen und auf der absoluten Wahrheit unseres eigenen Blicks beharren. Sie wird uns dazu frei machen, dass wir ein wahrhaftiges Leben führen und so Zeugen für die Wahrheit werden, statt unsere eigenen ›Wahrheiten‹ zu produzieren und sie den Anderen aufzuzwingen.«[7]

Ja, *die stellvertretenden Vorsitzenden* verfügen über einen riesigen Teil des »öffentlichen Raums«, in dem sie auf vielerlei Art ihre Version der Welt vortragen können. Trotzdem dürfen wir »die Stimme« nicht »verlieren« in dem Moment, in dem wir zumindest in Form einer unwillkommenen Frage darauf hinweisen müssen, dass die Sachen auch anders gesehen werden können.

»Der Ort der Wahrheit ist ein kleiner überall auf dieser Welt«, singt man in einem alten tschechischen Kirchenlied. Wo ist dieser kleine, aber nichtsdestoweniger »strategisch wichtige« Ort? Von woher können wir immer wieder die gefährlichen totalitären Ansprüche der zynischen, skrupellosen Macht *unterwandern*, und sei es auch zum Beispiel nur in Form einer nicht totgeschwiegenen Frage nach der Wahrheit. Der Ort ist in *unserem Glauben*, insofern dieser sich der Versuchung erwehren konnte, zur Ideologie zu werden. Der Ort ist in unserem tausendmal verletzten, verspotteten, enttäuschten und gekreuzigten Vertrauen auf die Wahrheit, das wir nicht aufgeben dürfen. Das ist der kleine Ort, die Insel in der Welt der Goliaths, den wir um jeden Preis verteidigen müssen.

Nein, weder verkehre ich auf Augenhöhe mit den Goliaths der Macht, wie der Herr stellvertretende Vorsitzende sehr gut bemerkte, noch verfüge ich über die Kieselsteine oder die Steinschleuder unseres Vaters David. Das Einzige, womit ich gegen die Versuchung, zu kapitulieren und mich den Zynikern bzw. den »Realisten«, ihren Mitläufern, anzuschließen, ausgerüstet bin, ist mein Glaube – der ein *verwundeter* Glaube ist.

Er ist keine Ideologie, die ein Instrument zur Machtgewinnung sein könnte, er ist kein verlässliches Rezept für den Sieg im Ring der konkurrierenden Interessen. Er ist *ein Weg*, der noch dazu auf die eine oder andere Weise zum Kreuz führt und auf das Kreuz hinweist. Und dass das Kreuz, diese Niederlage der Wahrheit, kein definitiver Triumph des zynischen Establishments *der stellvertretenden Vorsitzenden* und anderer Stellvertreter der Pilatusse, Herodesse und Kaiaphasse aller Zeiten ist, das ist uns nur als *Hoffnung* gegeben. Und das der Welt zu zeigen, »Rechenschaft über unsere Hoffnung abzulegen«, können wir mit keinen anderen Mitteln als damit, dass wir selbst im Geist dieser Hoffnung leben.

Können wir mit diesem verwundbaren und ständig verwundeten Glauben irgendwie zur Heilung der Welt um uns herum beitragen? Die Welt zu heilen, das *ist das Werk für den Messias*. Wenn wir es selbst in unsere eigene Regie nehmen wollten, würde dies bedeuten, dass wir an *Messianismus* und Selbstüberschätzung erkrankt sind, die in der Geschichte schon so viele Schäden und Tragödien angerichtet haben.

Wenn wir jedoch auf den Messianismus verzichten – und wir haben schon gesehen, dass das jener Akt der Gnade ist, der integraler Bestandteil unseres Glaubens an den Messias ist –, müssen wir nicht in Gleichgültigkeit, Zynismus und Apathie verfallen. Im Gegenteil: erst dann können wir die Aufgabe nüchtern angehen, die für jeden von uns bereitet ist.

Die Welt zu heilen, das bedeutet »den Ort der Wahrheit zu erweitern«. Der eigentliche »Ort der Wahrheit« ist *das Reich Gottes*, Gott selbst in seiner Macht, die sich am Ende der Zeiten zeigen wird. »Der kleine Ort der Wahrheit«

in unserer Welt ist, wie wir schon gesagt haben, unser Glaube – und durch ihn und in ihm Christus selbst.

Wir sind nicht Christus – aber sind doch damit beauftragt, in aller Demut sein Werk zu tun. Wenn wir *nicht* nur uns selbst *präsentieren*, wenn wir nicht ständig nur unseren eigenen Vorteil suchen und unsere egoistischen (persönlichen oder Gruppen-) Interessen verfolgen und nicht nur unsere Macht und *unseren* Ruhm durchsetzen wollen, wenn wir sowohl im eigenen Herzen als auch auf den Plätzen der Welt *beständig nach der Wahrheit fragen*, dann repräsentieren wir Christus. Die Wahrheit ist *der Weg* und das Leben; ein selbstzufriedenes Stehenbleiben ist der geistige Tod. Nur wenn wir auf den eigenen stolzen (persönlichen, nationalen, politischen oder kirchlichen) Messianismus verzichten, nur dann beteiligen wir uns an Seiner messianischen Berufung, die Welt durch die Wahrheit zu heilen und zu befreien.

Anmerkungen

[1] Vgl. Joh 17, 14–19.

[2] Auch hier »sehen« wir jedoch »nicht« Gott. Gott ist hier eher als Licht zu begreifen, in dem wir die Welt, den Menschen, uns selbst sehen können.

[3] Vgl. Volf, M., a. a. O., S. 302.

[4] Aland, K. (Hg.), Luther Deutsch: die Werke Martin Luthers in neuer Auswahl für die Gegenwart, Band I: Die Anfänge, Stuttgart u. a.: Klotz u. a., 1969, S. 146f.

[5] 2 Kor 7, 5.

[6] Mit großer Beunruhigung beobachte ich, dass man in unserer katholischen Kirche ab und zu auf problematische Weise den Begriff »Charisma der Wahrheit« zu gebrauchen und zu missbrauchen beginnt, nämlich als Synonym für das »Charisma des Amtes«. Wenn ihn ein kirchlicher Würdenträger in einem naiven und arroganten Sinn begreift und benutzt, der eher an die Gesinnung der kommunistischen

Funktionäre erinnert, nämlich: »Wenn ich das Amt habe, dann muss alles, was ich sage, als Wahrheit angenommen werden«, ist das nicht nur ein theologischer und moralischer Irrtum (das Dogma über die päpstliche Unfehlbarkeit und die Auffassung vom Lehramt der Kirche kann man nicht auf diese Weise vulgarisieren und beliebig »ausbreiten«), sondern es kann auch eine ernste Sünde gegenüber dem Geist des Evangeliums sein. (In der Kirche wird häufig danach gerufen, »sich mit der kommunistischen Vergangenheit abzufinden«. Diese Forderung sollte aber auch die Wachsamkeit gegenüber diesem unbewussten und nicht eingestandenen Erbe des Totalitarismus mit einschließen.)

[7] Volf, M., a. a. O., S. 304.

# 12. Veronika und das Siegel des Antlitzes

Als der Auferstandene zu den Jüngern kam, die noch von Angst, Trauer und Enttäuschung bedrückt und niedergeschlagen vom Schatten des Kreuzes und dem eigenen Versagen waren, also zu den Männern, die ihn feige verlassen hatten und geflohen waren, sprach er sie zunächst mit der Sprache seiner Wunden an. Aber was war mit den Frauen?

Die hatten ihn nicht verlassen, sie flohen nicht, sie begleiteten ihn auf dem Kreuzweg und harrten unter dem Kreuz bis zum letzten Moment aus – und sie waren es auch, die als Erste das leere Grab entdeckten, den geöffneten Schoß des Geheimnisses des Ostermorgens. Das Evangelium verzeichnet die Namen einiger von ihnen, mittelalterliche Osterspiele sprechen von den drei Marien, und eine Unzahl von Bildern und Statuen, die viele Jahrhunderte lang die Kreuzigung darstellten, zeigen vor allem zwei: die jungfräuliche Mutter sowie die ehemalige Prostituierte aus Magdala, aus der Jesus sieben Teufel ausgetrieben hatte, die ihn unendlich liebte und die seinem Herzen sehr nah war.[1] Die Evangelien, am deutlichsten das Evangelium des Johannes, bekennen, dass Maria Magdalena zur »Apostelin der Apostel« wurde und die erste Erscheinung des Auferstandenen gerade ihr galt.[2]

Das eindringliche »Berühre mich nicht! Halte mich nicht fest!« Jesu, mit dem er sich bei der Begegnung mit Maria Magdalena ihrer Umarmung erwehrte, bildet einen auffallenden Kontrast zu der Aufforderung an Thomas: »Reiche deinen Finger her und lege ihn in meine Seite!« Wir erfahren jedoch nichts darüber, ob Thomas die Wunden Jesu danach wirklich berührte. Das Wort zu Maria Magdalena (genauso wie das »Kommen bei verschlossenen Türen« und das plötzliche Verschwinden in Emmaus) soll offenbar die Leser vor jener grob »materialistischen« Auffassung der Auferstehung schützen, die bei einem oberflächlichen Verständnis der Szene mit Thomas entstehen könnte (und welche die Fundamentalisten vertreten, vor denen wir in diesem Buch wiederholt warnen[3]). Die Evangelien und der traditionelle Glaube sowie die Theologie der Kirche beharren im Gegensatz zur naiv fundamentalistischen Auffassung der Leiblichkeit der Auferstehung darauf, dass der Leib des Auferstandenen »ein verwandelter Leib« ist, dass »der Leib« hier vor allem *die unverwechselbare Identität der Person* bedeutet. Die Auferstehung und der Auferstandene gehören demnach zu den eschatologischen Geheimnissen, die *durch das Tor des Glaubens und der Hoffnung* in diese Welt und ihre Geschichte eintreten, die sie gleichzeitig erwecken und erfüllen. Man kann sie nicht dadurch bagatellisieren, dass wir sie einfach unter die »bruta facta« unserer Welt einreihen und sie törichterweise mit Beweisen unserer Vernunft und apologetischen Broschüren eifrig unterstützen und sichern wollen. Der Ostermorgen ist der Anbruch jenes *glorreichen Tages*, in den hinein wir erst aus unserem eigenen Todesschlaf völlig erwachen. Jetzt und hier berühren wir ihn vorerst nur durch unseren Glauben, und unser Glaube wird durch seine Strahlen insoweit erhellt, als er ein »Geschenk der Gnade« ist.

Unser Glaube an die Auferstehung Christi stützt sich auf das Zeugnis der Zeugen, in deren Reihe wir durch den Glauben und durch die Gnade selbst eingeladen und einbezogen sind; dabei ging es und geht es nicht um »Augenzeugen« (solche Zeugen gab es für das Geschehen der Auferstehung nicht), sondern um die, die bereit waren, mit ihrem Leben zu bezeugen, dass Jesus nicht nur der Vergangenheit angehört, sondern dass wir uns auf ihn als auf unsere Zukunft beziehen können und in jedem gegenwärtigen Moment zeigen können, dass er auch für uns, in uns und durch uns in der Welt anwesend und *lebendig* ist.

Jedoch haben wir auch dieses Geschenk nur »in tönernen Gefäßen« – auch unser Glaube bleibt gleichzeitig unser menschlicher Akt, ein pilgernder Glaube, der sich während der Zeit unseres Pilgerns in dieser Welt und in diesem Körper nie ganz aus dem Helldunkel der Zweifel freimachen kann, sich nie vollständig aus den Beschränkungen unserer Vernunft, Sprache, Erfahrung und Vorstellungen befreien kann.

Auch die leidenschaftlichste Liebe und Sehnsucht muss in dieser Welt, ähnlich wie der Schoß Maria Magdalenas, immer gemahnt werden, dass sie *durch die Berührung* nicht ganz den Schleier des Geheimnisses herunterreißen darf, um ihn als Besitzgegenstand zu behalten. So wie vom Glanz des Berges Tabor der Weg sogleich hinunter führte, in das Tal des Alltags, gar bis zur Dunkelheit von Getsemani, so kann man auch die Begegnung mit dem Auferstandenen, auch wenn sie immer mit Freude erfüllt, nicht »festhalten« und in der eigenen Schatztruhe der Gewissheiten aufbewahren, mitten unter den Gewissheiten und Schätzen dieser Welt. Sie ist eine Gewissheit von einer anderen Qualität, tiefer und gleichzeitig subtiler und verwundbarer, vergleichbar einem Licht, das man auf einem windigen Weg schützen muss, damit es nicht ausgeht; nicht einmal den auferstandenen Jesus kann man mit dem Vorschlag aufhalten, dass wir uns hier »drei Hütten bauen«[4]. Er ist immer auf dem Weg, er geht zum Vater, *er ist der Weg* zu Ihm – und will, dass auch wir nicht erstarren, sondern mit ihm vorwärtsschreiten.

\* \* \*

Eine Frau wird in den Evangelien nicht genannt; die Legenden und die tiefe Intuition der Volksfrömmigkeit kennen sie jedoch sehr gut: Sie widmen ihr sogar eine der vierzehn Stationen des Kreuzweges. Veronika, die Frau, die Jesus ihren Schleier reichte, damit er den blutigen Schweiß und die Wunden seines Gesichts abwischen kann, bekam für alle Zeiten ein Andenken, das sich bewundernswert tief in die Geschichte des christlichen Vorstellungsvermögens eingeprägt hat: Jesus drückte das Bild seines Antlitzes in den Schleier Veronikas wie ein Siegel.

Unzählige Legenden werden weitere Schicksale dieser Darstellung schildern und das »nicht von menschlicher Hand gefertigte Bild« wird nicht nur auf der ganzen Welt ausgestellt, aufbewahrt, kopiert und verehrt, sondern es wird zu einem bedeutenden Element der Theologie der christlichen Kunst. Eine Ikone ist – im Gegensatz zum Götzenbild, das ein »von menschlichen Händen und aufgrund menschlicher Phantasie geschaffener Gott« ist, also eine

Veronika und das Siegel des Antlitzes

Projektion der menschlichen Wünsche – »ein Fenster«, das die Welt und die Materie zu den Dingen hin öffnet, die das menschliche Auge nicht erblicken kann und an denen es sich auf dieser Welt nicht völlig sattsehen kann. Sie ist ein Spalt in den verschlossenen Türen des Geheimnisses, sie ist ein Ort, aus dem genügend Licht dazu herausströmt, dass unsere Welt als Schleier Seines Antlitzes gesehen werden kann. Sein Lächeln muntert uns so sehr auf, dass wir nicht einmal dann zu erschlaffen drohen, wenn wir gezwungen sind, durch das Tal der längsten Schatten zu schreiten.

Allerdings ist die Welt für Christen kein »Schleier der Maya«, sie ist nicht nur eine Illusion; die Materie ist nicht nur Dunkelheit, der Körper ist nicht nur ein Grab, das Land nicht nur Abgrund und Falle. Hierin besteht der grundlegende Unterschied zwischen dem christlichen und dem orientalischen, platonischen, gnostischen und idealistischen Verständnis der Wirklichkeit und der »materiellen Welt«. Die Welt, die Materie, der Körper sind die gute Schöpfung Gottes (über die der Schöpfer selbst urteilte, dass »es gut war«[5]); der Körper ist eher »Ausdruck der Seele« als ihr Gefängnis. Die Materie dieser Welt kann sakramentale *Materie* sein, ein reales und wirksames Zeichen der Anwesenheit Gottes. In diese Welt wurde für alle Zeiten *das Antlitz Christi* eingeprägt – sein Siegel erhält allerdings nur der, der den Schleier des Mitleids und der Barmherzigkeit für die ausbreitet, die das Kreuz tragen.

* * *

Wie viele Male wollten die Menschen *den Namen* hören, den Gott aus dem brennenden Dornbusch heraus dem Mose nicht offenbaren wollte[6], wie viele Male wollten die Menschen sein *Angesicht* schauen, auch wenn er seinem Diener versprochen hatte, dass er ihn nur »von hinten« sehen würde, als Vorübergehenden.[7] Den Namen und das Antlitz Gottes des Herrn bewahrte das Volk des ersten Bundes im Geheimnis der Unzugänglichkeit. Das Christentum verkündet der Welt den Namen und das Antlitz *des Sohnes:* als das Siegel, das der Vater selbst in die Geschichte einprägte, als das Wort, mit dem er selbst sein Schweigen brach.

Dadurch schmälert, entleert oder hebt der christliche Glaube *das Geheimnis* des Vaters in keiner Weise auf, er senkt nicht die Schwelle zum Heiligtum ab, öffnet nicht einen »leichten« und billigen Zugang. Den Namen des Sohnes kann man nicht als Beschwörungsformel nutzen. Er selbst warnt vor einem leeren Rufen »Herr, Herr!«[8], er will, dass wir in seinem Namen die *Werke vollbringen*, die Er vollbrachte, sogar noch größere.[9] Das Antlitz des Sohnes würde zur gotteslästerlichen Karikatur werden, wenn wir es nur als magisches Zeichen auf unseren Standarten, als unser Gruppen-»Logo« oder als Blickfang für Propaganda-Plakate benutzen würden.

*Das wahre Antlitz Jesu werden nur Veronika und die sehen, die ihr folgen werden.* Dort, wo die *passio* (das Leid) die *compassio* (das Mitleid) findet, dort prägt der, der in die Tiefen des Leids einging, dem Mitleid das Siegel der Echtheit ein, er »unterschreibt es« sozusagen »mit seinem Blut«.

Das Antlitz Jesu kann man nicht in den Marmor der harten Herzen einmeißeln. Wir finden es nur bei den *Barmher-*

zigen, bei denen, *die ein reines Herz haben, denn sie werden
Gott schauen* und Barmherzigkeit erlangen.[10] Die Barmherzigen nehmen auf eine doppelte Art die »selige Schau« vor-
weg, das eschatologische Ruhen im Glanze des göttlichen
Antlitzes: Sie schauen das Antlitz Christi in denen, die leiden, und verkünden es der Welt dadurch, dass sie den Leidenden Anteilnahme, Liebe und Hilfe erweisen.

Eine Ikone (und ihre Verehrung), sofern sie »echt« ist
und nicht zum Idol wird und in Idolatrie umschlägt, in die
durch die Schrift verbotene Darstellung Gottes, muss auf
doppelte Art durchsichtig und »durchscheinend« sein. Sie
soll zuerst die Augen und das Herz der Gläubigen von der
irdischen, materiellen und sichtbaren Welt (und *durch* sie)
zum Unsichtbaren und Nichtdarstellbaren wenden. Dann
aber wendet sie sie wieder zurück zur Welt, damit wir in
Seinem Licht (und *durch* Ihn) in der Welt das Antlitz Gottes
im Antlitz der Leidenden schauen.

Eine Ikone ist ein Fenster zu Gott, jedoch immer noch
mit dem Schleier bedeckt, hinter dem das göttliche Licht
durchleuchtet. Eine Ikone lehrt, die Welt als »Symbol«
wahrzunehmen, als einen durchsichtigen Schleier, der gleichzeitig das Geheimnis Gottes verhüllt und enthüllt; sie lehrt,
wegen dieser ihrer »Durchsichtigkeit« die Welt zu achten.
Und gerade das Antlitz Christi, wie es der Schleier Veronikas
aufnahm, ist just *das Antlitz jedes Leidenden*, sofern wir es
mit der Geste des Mitleids und der Hilfe aufnehmen – es ist
jener Ort in der Welt, der offensichtlich das meiste Licht der
Anwesenheit Gottes durchscheinen lässt.

Von unzähligen Heiligen, kanonisierten und nichtkano-
nisierten, wird überliefert, dass sie am Körper Stigmata ge-

tragen haben, sichtbare Zeichen der Wunden Christi, einge-
siegelt in die Haut und ins Fleisch ihres Körpers. Veronika
ist die Erste derer, die den Abdruck der Wunden Christi, seines verwundeten und von der Bosheit aller Zeiten geschla-
genen Antlitzes, in ihrem *Inneren* bewahren, denn »sie haben den Schleier von ihrem Herzen abgenommen« und ihn
den Leidenden gereicht.

\* \* \*

Paulus schrieb in seiner schmerzhaften Empörung über
seine Landsleute, die Christus nicht als Messias annehmen
wollten, dass auf ihren Herzen bis heute jener Schleier, jene
Hülle läge, die das Gesicht des Mose verhüllte, als es vom
Glanz nach der Begegnung mit Gott dem Herrn glühte.[11]
Das Antlitz dessen, der sich zu Christus bekehrt hat, spiegelt
jedoch den »berühmten Glanz des Herrn« wider, der durch
die Macht des Geistes zu seinem Bild verwandelt wird.

Hüten wir uns aber davor, diese Worte triumphalistisch
zu lesen, als mechanisches Abstecken der äußeren Grenze
zwischen Christen und Juden. Wie viele von uns, über deren
Köpfen das Wasser der Taufe ausgegossen wurde, haben
sich wirklich zu Christus bekehrt, insbesondere zu dem
Christus in den Bedürftigen, derart, dass unser Gesicht inmitten des Helldunkels der Welt wirklich das Licht Seines
Antlitzes widerspiegelt?

War es nicht gerade der große jüdische Denker Emma-
nuel Lévinas, der die Menschen des 20. Jahrhunderts daran
erinnerte, dass wir Gott *im Gesicht des Anderen* erblicken,
dessen Nacktheit und Verwundbarkeit »Töte mich nicht«

rufen? Und weht der Geist des Evangeliums nicht schon in der alten jüdischen Legende, in der der Rabbi seine Schüler zu den Verwundeten und Aussätzigen vor die Tore Jerusalems schickt, damit sie dort den verborgenen Messias finden, der darauf wartet, dass er erkannt wird? Und das Zeichen, an dem sie ihn erkennen sollen, ist dieses: Alle anderen umwickeln ihre eigenen Wunden, nur ein Einziger umwickelt zuerst die Wunden der Anderen. Das ist Er, das ist der Messias.

Vielleicht liegt auch auf unseren Herzen – auch wenn wir eifrig »Herr, Herr« zu ihm sagen, auch wenn an den Wänden unserer Wohnungen seine heiligen Bilder hängen – jener Schleier, solange wir ihn nicht wie Veronika abnehmen, nicht vor die Stadtmauern hinausgehen und auf den Verbandplätzen der aussätzigen Welt wahrhaft zu seinem Schüler werden.

\* \* \*

Noch an eine weitere Meditation sei erinnert, wenn wir die *weibliche* Seite von Ostern betrachten. Noch ein weiteres Bild weist einen tiefen Zusammenhang auf mit jener Zeit der Stille zwischen dem Nachmittag des Karfreitags und dem Ostermorgen: *die Pieta*, die vorletzte Station des Kreuzweges und das Sujet unzähliger Werke der bildenden Kunst (von den emotional innigen, wenig kunstfertigen Werken der Volksschnitzer bis hin zur fast unmenschlich kühlen Schönheit der Pieta Michelangelos am Eingang des Petersdoms) – die Mutter mit dem toten Körper ihres Sohnes auf dem Schoß. Vor diesen Darstellungen kann ich

mich oft nicht erwehren, ihre »Erschütterungen« wahrzunehmen, wenn ich bedenke, womit dieses Bildnis »gesättigt« ist: Wie viele Mütter haben wohl – vor allem in den
Kriegen des vergangenen Jahrtausends – vor ihm gekniet,
ihren Schmerz in diese Szene hineingelegt und in ihr die
Kraft gesucht, ihr eigenes Schicksal anzunehmen?

»In gremio matris sedet sapientia Patris« – *im Schoß der
Mutter ruht die Weisheit des Vaters*, dieser Satz begleitet
viele mittelalterliche Bildnisse der Madonna mit dem Kind-
lein im Schoß. Maria wird von den Mystikern als die *Sapientia* wahrgenommen, als das Symbol jener geheimnisvollen Weisheit, die nach den Weisheitsbüchern des Alten
Testaments Gott bei seinem Schöpfungswerk begleitete, die
»vor ihm spielte«; als das Symbol »der Schechina«, der
Wolke der geheimnisvollen Anwesenheit Gottes, der Schönheit und der Macht. Sie ist jedoch gleichzeitig die *Sedes Sa-
pientiae*, »der Thron der (göttlichen) Weisheit«; für die mittelalterlichen Theologen ist Maria das Symbol der
Menschheit, der menschlichen Natur, der Vernunft und
also auch der Philosophie und »der natürlichen Theolo-
gie« – dessen, was die »Basis« bildet, den Grund, den *Thron*
für die offenbarte Weisheit, der sich die Theologie widmet.
*Gratia supponit naturam*, die Ordnung der Gnade setzt die
Ordnung der Natur voraus, behauptete Thomas von Aquin;
Theologie setzt die Philosophie voraus, das Samenkorn des
Wortes Gottes setzt einen aufnahmebereiten Boden der
Menschheit voraus – und das alles symbolisiert Maria, ihre
Jungfräulichkeit, ihre Offenheit, ihr Schoß und ihr *Fiat*: Mir
geschehe nach Deinem Wort! Wenn für das Mittelalter die
Philosophie *ancilla theologiae* ist, die Dienerin der Theo-

logie, dann bedeutet dies nicht, dass sie irgendeine Dienerin für minderwertige Arbeiten ist, sondern dass sie dieselbe Stellung innehat wie Maria, *die Dienerin des Herrn*, die durch die Offenheit ihres *Fiat* es Gott ermöglicht, dass er die menschliche Freiheit voll respektierend frei sein Werk tun kann.

Bevor der Körper des Sohnes im Schoß der Erde beigesetzt wird, ruht er für einen Moment im Schoße der Mutter. Maria symbolisiert die Erde: Wie am Anfang des Schöpfungswerkes die Erde *öde und leer* war, jedoch *der Geist Gottes* über ihren Wassern *schwebte*[12], so wird am Anfang des Werks der Erlösung derselbe Geist über Maria *kommen*[13], sie »überschatten«, wie er die Bundeslade verhüllte. Wo ist jedoch der Tröster-Geist *(Parakleitos)*[14] in der Stunde unter dem Kreuz? Die Zeit des Pfingstfests ist noch nicht gekommen.

Auf dem »Thron« des Schoßes Marias ruht »der König der Juden« – die Weisheit des Vaters, die jetzt von ihren Feinden, den Klugen und Mächtigen dieser Welt, als Torheit ausgiebig verspottet werden kann – eine absurdere Szene ist kaum vorstellbar! So wie die jüdische Mystik den »Weggang der Schechina ins Exil« kennt, so erlebt es auch die christliche Frömmigkeit jener Zeit – der Sohn ist tot, der Vater schweigt, der Geist ist noch nicht herabgekommen, die Hoffnung auf den Morgen, an dem *die Schechina* zurückkehren wird, ist von der Dunkelheit des Schmerzes überdeckt, sogar im Herzen jener Frau, die die Liturgie den »Morgenstern« *(stella matutina)* nennt.

»Tauet Himmel, aus der Höhe, ihr Wolken, lasst Gerechtigkeit regnen: *Die Erde tue sich auf und bringe das*

*Heil hervor*!« Dieser alttestamentliche Vers, den wir gewöhnlich mit dem Advent verbinden[15], hat auch seinen tiefgehenden österlichen Sinn.

Die Kommentare der Mystiker zum Geheimnis des Karsamstags erwägen, was sich »in den Tiefen der Erde«, »in der Hölle« abspielt, in die der Heiland durch sein Leiden hinabgestiegen ist und wo sein Kreuz zu jener Waffe wurde, die die Tore der Finsternis durchbricht. Was spielt sich jedoch in diesem Moment in den Tiefen des Mutterherzens ab, in der Hölle ihrer Schmerzen?

Das österliche Leid der Mutter schildert der eindrucksvolle lateinische Hymnus *Stabat mater*, der brillante Werke der Musik inspiriert hat. Aber wenn man sich diese Werke anhört, kann man sich der Frage nicht erwehren: Handelt es sich hier nicht um *eine Ästhetisierung des Leids*? Ist das nicht eine der Weisen, mit denen wir die Spitze des Schmerzes durch Schönheit stumpf machen wollen?

Sind wir nicht dem Geheimnis *der Pieta*, der vorletzten Station des Kreuzweges, näher an den Orten, durch die der Kreuzweg der Geschichte führt, der Weg der Leidenden von gestern und heute, dort, wo das Antlitz der Erde wirklich von Blut getränkt ist wie der Schoß Marias unter dem Kreuz?

Ich denke daran in der Grabeskirche von Jerusalem, wo die Stellen des Todes und der Auferstehung Jesu gezeigt werden – jenem Tempel, den diejenigen, die das »Grab Christi aus den Händen der Ungläubigen befreien« wollten, bis zum Zaumzeug ihrer Pferde mit Blut füllten.

Ich denke daran in Hiroshima, an jenem frühen Sommermorgen – der zugleich der Festtag der Verklärung des

Herrn in der strahlenden Wolke auf dem Berg Tabor ist –, als wir dort mit den Gläubigen von sieben Religionen des Tages gedachten, als die Todeswolke der Explosion der Atombombe diese Stadt verhüllte.

Ich denke daran in Auschwitz, in der Zelle von Maximilian Kolbe, in den Räumen der Hinrichtungsstätte und der Gaskammern und in der Kapelle der Karmelitinnen, in der ein immerwährendes Versöhnungsgebet stattfindet, Buße und Bitten für den Frieden und die Heilung der Welt.

Ich denke daran am Ground Zero in Manhattan, wo von den stolz aufgerichteten Fingern der Wolkenkratzer eine klaffende Wunde in der Erde blieb und sich unsere Finger zur Bitte und zum Schwur zusammenfalten.

Aber wie viele Narben und wie viele noch ungeheilte Wunden, von denen niemand weiß und zu denen niemand kommt, um andächtig vor ihnen stehen zu bleiben, trägt das Antlitz der »Mutter Erde« noch?

Viele von ihnen sind solcher Art, dass wir sie weder verhindern noch ihnen standhalten können, sie kommen aus Bereichen, die wirklich außerhalb unseres Einflusses, außerhalb der Reichweite unserer Macht liegen. Manchmal wissen wir nicht von ihnen, wir sehen sie nicht oder wollen sie nicht sehen; ein andermal sind die Seiten der Zeitungen und die Fernsehbildschirme von ihnen so übersättigt, dass wir sie nicht wahrnehmen können und sie augenblicklich wie die zusammen mit ihnen in einem Atemzug genannten Ergebnisse der gestrigen Sportereignisse vergessen.

Das Böse siegt über uns nicht nur dann und dadurch, wenn wir seine Methoden übernehmen, sondern auch dann, wenn wir uns an es gewöhnen. Zu den gefährlichsten Sünden unserer Zeit gehört, dass viele *das häufig Auftretende mit der Normalität verwechseln* und das »Normale« für die Norm halten; eine oft wiederholte Erscheinung verliert dann nur wegen ihrer statistischen Häufigkeit in den Augen der Öffentlichkeit den Charakter des Bösen, als »hundertmal wiederholte Lüge wird sie zur Wahrheit«. Aber der moralische Codex lässt sich nicht durch Statistiken ersetzen.

Deshalb ist es ungemein wichtig, dass kein Leid, kein Schmerz, kein Unrecht und keine Verwundung, die vom Bösen verursacht wurden, ihrer Einmaligkeit beraubt werden, indem sie in der anonymen Uniformität der Statistiken untergehen.

Jemand muss wie Maria wachen, jemand muss diese Schmerzen »in seinen Schoß nehmen«, jemand muss verhindern, dass sie in Vergessenheit geraten, jemand muss sie »in seinem Herzen bewahren«, auch wenn er sie nicht versteht[16] –, jemand muss sie im Schoße und im Herzen vom Schatten des Kalvarienbergs bis zur Dämmerung des Ostermorgens hinübertragen.

### Anmerkungen

[1] Maria Magdalena war gemäß den Andeutungen der Evangelien, und insbesondere der Apokryphen, Jesus in der Tat menschlich ungewöhnlich nah. Die heutigen Bemühungen der Literatur, die am Rande der Sensationsgier und der populistischen Banalitäten balancieren, noch mehr aus jenen apokryphen Andeutungen herauszuschlagen, würden wahrscheinlich eine gründliche theologisch-psychoanalytische Studie verdienen. Es scheint mir, dass das Phantasieren über die Ehe und die Elternschaft Jesu das Gleiche erkennen lässt wie der Umgang der Medien mit dem Thema des Zölibats und der sexuellen Probleme und Verstöße der Priester (wenngleich ich diese Probleme keineswegs bagatellisieren möchte): die Ehelosigkeit Jesu und die Ehelosigkeit der Priester

Veronika und das Siegel des Antlitzes

muss wie alles, was die Sakralisierung und die Absolutierung der Sexualität in Zweifel stellen könnte, in einem Zeitalter, in dem die Sexualität zu einer wichtigen Ware in der Konsum- und Unterhaltungsgesellschaft geworden ist, diskreditiert und verdrängt werden!

[2] Vgl. Joh 20, 1–18.

[3] Der Fundamentalismus ist eine typisch neuzeitliche Häresie. Er besteht darin, dass das »wörtliche«, d. h. das oberflächliche und aufgrund all der neuzeitlichen Vorurteile augenscheinlich belastete Verständnis des Textes naiverweise für die einzige echte »ursprüngliche Bedeutung« gehalten wird. Der Fundamentalismus schwört hoch und heilig auf die Tradition, er ist jedoch radikal anti-traditionell – er nimmt nicht zur Kenntnis, dass es im dramatischen Fluss der Tradition, in der ständigen Weitergabe des Textes von Generation zu Generation, zu so vielen »Veränderungen der Paradigmata« kam, zu Verschiebungen im Verständnis von Wortbedeutungen u.ä., dass deshalb eine theologische Hermeneutik notwendig ist. Zu dieser gehören die Suche nach dem ursprünglichen Kontext, die Berücksichtigung des Textgenres und seines »Sitzes im Leben«. Die Kirche, die Theologen und schließlich schon das Neue Testament selbst (vgl. 2 Petr 1, 20) warnten immer eindringlich vor einer überstürzten, naiven »privaten Auslegung«, wie sie die Fundamentalisten vornehmen.

[4] Vgl. Mt 17, 4.

[5] Vgl. Gen 1, 31.

[6] Wir wiederholen: Die gegenwärtige Exegese betont, dass jenes »ich bin, der ich bin« (oder genauer: ich werde, der ich werde) nicht als ein »Name« zu verstehen ist, sondern eher als Ablehnung, »den Namen« zu offenbaren, mit dem die Menschen ihre Götter herbeirufen (und es ist schon gar nicht die metaphysische Definition des göttlichen Wesens, auch wenn dieser Gedanke in der Geschichte philosophisch fruchtbar war).

[7] Vgl. Ex 33, 23.

[8] Mt 7, 21.

[9] Vgl. Joh 14, 12.

[10] Vgl. Mt 5, 1–10.

[11] Vgl. 2 Kor 3, 12–18.

[12] Gen 1,2.

[13] Lk 1, 35.

[14] Vgl. Joh 15, 26 – der Ausdruck *Parakleitos* kann mit »Tröster« oder »Beistand« übersetzt werden.

[15] Vgl. Jes 45, 8. Dieser Vers der Liturgie zu Beginn des Advents – »Rorate coeli« – gab dieser Liturgieform ihre volkstümliche Bezeichnung, *die Rorate-Messe.*

[16] Vgl. Lk 2, 50f.

## 13. Verwandelte Wunden

Wo sind die Verbandplätze unserer Welt? Sicher nicht nur in fernen, exotischen Ländern oder auf den Kriegsschauplätzen, auf die momentan die Fernsehkameras gerichtet sind. Dorthin würden uns vielleicht unsere »romantischen« Gefühle automatisch ziehen. Aber: Sie sind überall um uns herum.

»Seht meine Hände und meine Füße an«, sagt Christus heute mit dem Blick auf alle Notleidenden und Verwundeten, Nahestehende und Fremde, »fasst mich doch an und seht: Ein Geist hat doch nicht Fleisch und Bein, wie ihr es an mir seht.«[1]

»Die Männer und die Frauen sind Fleisch und Bein, Hände und Füße, die durchbohrte Seite Christi – sein mystischer Körper«, fügt der Autor hinzu, der sich hinter dem Pseudonym »Mönch der Ostkirche« verbirgt[2], »in ihnen können wir durch unser Tun die Wirklichkeit der Auferstehung realisieren«. Er fordert uns auf, dass wir Christus nicht nur in sozial Bedürftigen, Kranken, Armen, Verlassenen, sondern insbesondere auch in den Menschen sehen, die uns fremd und unsympathisch sind: »In vielen von diesen Männern und Frauen – in bösen und verbrecherischen Menschen – ist Christus wieder gefangen genommen worden. Befreie ihn dadurch, dass du ihn still und schweigend erkennst und ihn in ihnen anbeten wirst.«

Das sind harte, anspruchsvolle Worte, wer kann sie hören? Und wer wagt es, sie zu realisieren – oder es zumindest zu versuchen? Wir sind es aus vielen Predigten gewohnt, die

Aufforderung zu hören, dass wir Menschen in sozialer Not helfen sollen, und vielleicht tun wir das auch ab und zu. Über *die Liebe zu den Feinden* wird allerdings nicht häufig gepredigt – und wenn darüber gepredigt wird, dann entsteht oft der peinliche Eindruck, dass weder der Prediger noch seine Zuhörer diese Worte allzu »wörtlich« nehmen, schärfer ausgedrückt: Sie nehmen sie gar nicht ernst. Das wird in den Kirchen nur so gesagt! Wir haben schon erwähnt, dass die größte Schwierigkeit mit dieser Aussage Jesu darin besteht, dass wir die Begriffe »Liebe« und »Hass« als bloße Emotionen betrachten (nicht als Lebenshaltungen und Willensentscheidungen, als etwas, an dem wir unser Leben *ausrichten*); und natürlich wissen wir gut, dass man Emotionen »nicht befehlen kann« und dass unsere Gefühle, Unrecht erlitten zu haben, sich hartnäckig halten, obwohl der gute Wille in uns vorhanden ist, den unerhörten Auftrag Jesu zu erfüllen.

Hier legt uns der Mönch der Ostkirche eine neue theologische und spirituelle Anregung vor, die uns ermutigen soll, auch die Menschen anzunehmen, die wir in der Regel nicht akzeptieren wollen, »die Bösen und die Verbrecher«. Er sagt uns nicht, dass wir ihre Schlechtigkeit lieben und akzeptieren sollen, dass wir ihre schlechten Taten und Eigenschaften übersehen, bagatellisieren und entschuldigen sollen, er verlangt auch nicht von uns, dass wir irgendeine emotionale Neigung ihnen gegenüber entwickeln sollen. Er sagt uns lediglich, dass Christus durch das Geheimnis der Menschwerdung im Menschsein *jedes beliebigen* Menschen anwesend ist. In den »Bösen« ist er »gefangen«, weil sie ihm die Freiheit nicht geboten haben, weil sie ihn nicht in ihren Herzen und ihrem Handeln herrschen ließen.

Dadurch, dass wir uns bewusst werden, dass auch sie »zu Christus gehören« (und dadurch auch zu uns), befreien wir diese Menschen noch nicht vom Bösen. Einstweilen befreien wir nur *unsere Beziehung zu ihnen* – dadurch dass wir in unsere Haltung zu ihnen Christus als ein treues Bild des Vaters eintreten lassen, der »seine Sonne über Böse und Gute aufgehen lässt und es über Gerechte und Ungerechte regnen lässt«[3]. Inwieweit diese unsere innere Haltung, diese unsere Gesinnung ihnen gegenüber, unser Verhalten und Handeln beeinflusst und inwieweit unser Verhalten auf sie zurückwirken, sie beeinflussen und sie vielleicht auch verändern kann, das ist wiederum eine anderer, offener Akt dieses Dramas.

Christus kommt immer nur als Aufforderung, *Angebot*, als Einladung, der man Folge leisten kann, als offene Möglichkeit – als »the God who may be«. Ihm ist jedweder beliebige Druck völlig fremd, mit dem er uns vielleicht manipulieren, unsere Freiheit nicht respektieren würde. Der Gott, den uns Christus vorstellt (mit seinen Worten und seiner Person) spricht uns an und fordert uns auf, aber er zwingt uns niemals zu etwas. *Entsprechend soll auch unser christliches Zeugnis sein:* Wir sind dazu da, dass wir den Horizont des »Möglichen« (d. h. des erwartbaren, gewöhnlichen, »logischen«, »natürlichen« Handelns – wie *man* handelt, wie *es* in der Welt zugeht) um das erweitern, was Menschen, die Gott nicht kennen oder Christus nicht ernst nehmen, als unmöglich erscheint. Dass wir als »alternatives Angebot« da sind, ist schon Bestandteil des Dienstes der Heilung, der Befreiung und der »Austreibung des Bösen«, den sich viele ein wenig zu romantisch vorstellen.

Jenes »Übernatürliche« an diesem alltäglichen »Exorzismus« (an der Austreibung des Bösen) besteht nicht in dem, was uns packende Filme effektvoll über die Exorzisten schildern, sondern in etwas ganz anderem: der Tatsache, dass durch unser »unmögliches« Verhalten die Grenzen des »Möglichen« durchbrochen werden, respektive dessen, was die Welt um uns herum für möglich, »normal« und *natürlich* hält. Ja, wir sind aufgefordert, *Wunder zu tun* – wenn wir die Wunder nicht (romantisch oder aufklärerisch) als »Verletzung von Naturgesetzen« begreifen, sondern als das, was sie wirklich sind, nämlich *ein Geschehen, das wir unter den gegebenen Umständen nicht zu erwarten haben.*

Möglich ist das (behauptete der Philosoph Jacques Derrida und nach ihm viele postmoderne Theologen, für die er allmählich zu einem in gewissem Sinne neuen »Kirchenvater« der christlichen Postmoderne wurde), was in unseren Möglichkeiten liegt, oder zumindest im Horizont unserer Pläne, Wünsche, Erwartungen, unserer Vorstellungskraft. *Das Unmögliche (l'impossible)* ist das, was diesen Horizont gänzlich durchbricht und in ihn etwas radikales, göttliches Neues hineinbringt – wie es die Kunst oder die Religion tun. Deshalb bezeichnete ich in einem meiner früheren Bücher das Reich Gottes als »Königreich des Unmöglichen«, zu dem nur ein »kleiner Glaube« durchdringt, der zu »unmöglichen Dingen« fähig ist – verzeihen, wo ich mich rächen könnte, geben, wo ich behalten oder sogar nehmen könnte, sich für andere einsetzen und opfern, wo ich Ruhe und eigene Bequemlichkeit genießen könnte.[4]

Wie viele Wunden wären behandelt, wie viele Verwundungen wären überhaupt nicht entstanden, wenn wir in der Lage wären, das »Bild des Feindes« abzulegen, das wir (zumindest in unserem Vorstellungsvermögen) von vielen Menschen haben (das außerdem oft unser Bild ist, das wir auf sie projizieren) – und wenn wir in der Lage wären, in ihnen *Christus zu sehen*, wobei wir sie dabei auch gar nicht idealisieren müssten. Das gelingt uns offenbar nur insoweit, als wir in der Lage sind, uns selbst einzugestehen, dass *das Bild Christi in uns* auch nicht so ganz ohne Schrammen, Staub und Übermalungen ist, dass er auch in uns von anderen nicht so leicht erkennbar ist!

Der erste Schritt zur Heilung der Wunden der Welt ist *unsere Umkehr*, Buße, Demut – oder, profan gesagt: der Mut zur Wahrheit über uns selbst.

Die Beichtstühle der Kirchen sind keine Waschräume – wie sich das die Menschen oft vorstellen und wie das viele wollen und fordern –, wo ich schnell und einfach das von mir abdusche, was mein Idealbild von mir selbst beschmutzte, wo ich mich von dem befreie, was mich an meiner (falschen) Ruhe störte, um zu meinen angenehmen Illusionen über die eigene Unschuld zurückkehren zu können. Wer das »Sakrament der Versöhnung« so gebraucht und missbraucht (egal ob in der Rolle des Beichtvaters oder des Beichtenden), häuft vielmehr eine weitere, dieses Mal wirklich schwere Sünde an (die Lebenslüge, die Selbstlüge). Der wird dann nur schwerlich die Worte (und die Lebenserfahrung) des heiligen Augustinus verstehen können, dass uns auch die Sünden (*etiam peccata*) nämlich zum Guten verhelfen können.[5]

Sie können uns dann und dadurch helfen, wenn es uns im Moment der wirklichen Buße »wie Schuppen von den

Augen fällt« und wir wirklich unseren Platz und unsere Stellung in der Welt entdecken. Wenn wir begreifen, dass wir in dem ewigen Kampf des Guten und des Bösen, der die Tiefendimension unserer Geschichte (»Heilsgeschichte«) erfüllt, nicht in der Situation der neutralen Zuschauer sind und auch gar nicht sein können; und schon gar nicht können wir es uns mit einer naiven Selbstverständlichkeit auf der Tribüne der »Guten und der Gerechten« gemütlich machen. Die Front dieses Kampfes verläuft auch durch unser Herz, auch unser Leben ist ein Kampfplatz, und wir tragen viele Wunden, die wir zunächst aufdecken müssen, damit sie geheilt werden können (und damit wir mithelfen können, die Wunden der Anderen zu heilen). Es gehören dazu sowohl unsere schmerzenden, aber auch die vergessenen oder nie entdeckten und zugegebenen Traumata, es gehören dazu die Enttäuschungen und die Beschädigungen »durch das Schicksal«; die Wunden, die uns Andere zugefügt haben – aber auch die Wunden, die *wir* (vielleicht auch *bona fide*) *selbst Anderen zufügten* und die (auch wenn wir uns dessen oftmals nicht bewusst werden) uns oft mehr als jene Wunden schädigen, die wir durch Andere erlitten.

Wenn ich zu Beginn der Messe »mea culpa« – *durch meine Schuld* sage, dann nicht deshalb, dass es mich krumm und bucklig macht und in den Staub eines ausweglosen Selbstbeschuldigens und Selbstbedauerns hinunterstößt, sondern damit es mich aus dem falschen Himmel der Selbstillusionen zurück auf die Erde stellt – und damit ich erleben darf, wie Gott mich neu erschafft (aus dem Staub der Erde, *ex nihilo* – das ist doch sein Lieblingsmaterial!) – und mir seinen Geist einhaucht.

Der Mensch ist aus Staub und Geist gemacht, sagt uns das suggestive Bild zu Beginn der hebräischen Bibel[6]; durch die Sünde, fügt der Psalmist hinzu, kehren die Menschen »zurück in den Staub«, Gott sendet ihnen jedoch durch die Vergebung wieder seinen »Geist«, sie werden neu »geschaffen«.[7]

\* \* \*

Wir haben bereits gesehen, dass Christus, der zu uns kommt und uns seine Wunden zeigt, für uns eine Aufmunterung zum »Mut zur Wahrheit« sein kann, zum Mut, sich von »Rüstung, Masken und Puder« zu befreien, mit denen wir vor Anderen und oft auch vor uns selbst unsere eigenen Verwundungen verbergen.

Das betrifft zunächst die Traumata, die in uns trotz aller Bemühungen, sie zu vergessen, so lebendig sind, dass sie unsere Aufmerksamkeit immer wieder auf sich ziehen. Dabei erschöpft den Menschen am meisten die Bemühung, sie mit einem krampfhaften Vortäuschen oder einer permanenten Selbstüberforderung zu verbergen, zu überspielen oder zu kompensieren. Nicht in allen Fällen ist der ignatianische Ratschlag des »agere contra« (Handeln gegen die eigene Neigung) geeignet – z. B. wirkt das ständige bemühte Scherzen von an Depressionen leidenden Menschen mit der Zeit etwas ermüdend. Das, was sich in uns auf diese Weise meldet und sich so sehr unseren Versuchen, ihm zu entfliehen, es zu kompensieren oder zu verdrängen, widersetzt, sollten wir wirklich zu Wort kommen lassen und ihm ins Angesicht blicken. Häufig ist es weniger anstrengend, schmerzhaft und gefährlich, sich mit diesen Problemen im Inneren unseres Selbst direkt zu konfrontieren, als ständig vor ihnen zu fliehen.

Wenn sich der Mensch wirklich auf die Zusicherung verlassen kann, dass *Gott uns so annimmt, wie wir sind,* auch mit unseren Traumata, Schmerzen, Narben und Problemen, dann kann bereits das bloße Wissen um dieses Angenommensein in manchen Fällen ein sichereres Ausruhen (und eine Erholung von dem selbst verursachten Stress und den eigenen Dämonen) bieten als ein Kissen auf der Couch eines Psychoanalytikers. (Damit möchte ich natürlich in keiner Weise die Hilfe eines Psychotherapeuten bagatellisieren, die in vielen Fällen notwendig ist, die aber die geistlichen Wege zu einer inneren Versöhnung und Heilung keinesfalls ausschließen muss.)

Es existieren jedoch auch Traumata, die wir »erfolgreich« verdrängt haben oder die nie in das volle Licht unseres Bewusstseins getreten sind. Wenn diese Dinge – ob im Gebet oder auf der Liege des Psychoanalytikers oder in anderen privilegierten Momenten des Lebens – in unser Bewusstsein zurückkommen, gilt das Wort, mit dem Gott der Herr in so vielen biblischen Geschichten seinen Eintritt in die menschliche Welt begleitet: Fürchte dich nicht!

Ja, auch das, was aus der dunklen Nacht auftaucht und sich lange als Feind verhält, mit dem wir ringen müssen und der uns auch verwundet, können wir schließlich als einen göttlichen Boten wahrnehmen, der uns, wenn wir mutig gekämpft haben, am frühen Morgen den Segen bringt – erinnern wir uns an die wichtige biblische Szene am Ufer des Flusses Jabbok, an den Kampf Jakobs.[8]

Die Vollkommenheit, zu der wir im Alten und Neuen Testament aufgefordert sind, besteht nicht in einer Fehlerlosigkeit, sondern in der Ganzheit, in der Vollständigkeit. Der erste Schritt zu dieser Ganzheit ist die Demut, welche die Umkehr begleitet: Auch *dieses* bin ich!

*Was nicht angenommen wird, kann nicht erlöst werden*, lehrten die alten Kirchenväter bei ihrem Nachsinnen über das Geheimnis der Menschwerdung. Das Erste, was Gott von uns will, wenn er uns die Gnade (eine wirklich anspruchsvolle, keinesfalls billige Gnade) gewährt, seine Wunden zu sehen, ist, *sie anzunehmen*. Auch zu diesen Tatsachen seines Lebens »Ja« sagen zu können – und das auch dann, wenn dieses »Ja« noch nicht mit einem völligen Verständnis einhergeht, wenn in uns noch nicht restlos beantwortete Fragen bleiben: »warum?« oder »warum gerade ich?«.

*Ich darf meine Wunden haben*! Das ist ein großer, befreiender Schritt zur Heilung. Ich muss nicht stark und schön und erfolgreich sein wie die Helden aus Filmen und Fernsehserien, ich muss nicht gepudert glücklich sein, unerschütterlich gesund und ewig jung wie die Dandys in den Schaufenstern der allgegenwärtigen Werbungen für Alles und Nichts, ich muss nicht vor Entschlossenheit flackernde Augen haben, eine ausgestreckte Hand und ein Perlweiß-Lächeln wie die Politiker auf den (mit Bildbearbeitungsprogrammen retouchierten) Wahlplakaten.

»Der Herr spottete ihrer«[9] – genauso wie damals, als er herabstieg, um den Ziegelhaufen des Turmbaus zu Babylon anzusehen[10] –, und wir können mit ihm lachen. Es ist sehr befreiend, so sein zu dürfen, wie ich wirklich bin.

Werde ich nicht gerade im Augenblick der demütigen Entdeckung (und der Annahme) dessen, wie ich wirklich bin, *durch meine Wahrhaftigkeit* erst wieder zum authentischen Bild dessen, *der ist, der er ist?* Mache ich nicht (paradoxerweise) gerade *durch die Annahme meiner Unvollkommenheit* den entscheidenden Schritt zu jener *Ganzheit*, die Er dem Menschen als sein Siegel, sein Bild, aber auch als Berufung und Aufgabe aufdrückte?

\*\*\*

Die Wunden, mit denen mich »das Schicksal« und »die Anderen« versehen haben, *darf ich* haben. In beträchtlichem Maße hören sie dann auf, Traumata zu sein, wenn ich sie annehme und meine wirkliche Gestalt ertrage, erleichtert und befreit sowohl von der Last des Vortäuschens und Versteckens und Verhüllens als auch von der Last des Diktats der Werbung und der Ansprüche von außen, die mich zwingen und dazu verführen, dass ich der bin, der ich nicht bin und der ich in Wirklichkeit auch nicht sein soll und kann.

Wie steht es jedoch um die Wunden, die ich Anderen zugefügt habe? Und wie ist es mit den Wunden, die nicht nur meine private Angelegenheit sind, weil sie den Bereich meiner Beziehungen beeinträchtigen? Auf diese Fragen kann ich keine überraschend neuen Rezepte anbieten. Nur so viel: Wo ich mich entschuldigen kann, soll ich mich entschuldigen, wo ich Sachen wiedergutmachen kann, muss ich sie wiedergutmachen, wo ich mich versöhnen soll, ist es nötig, dass ich mich zumindest darum bemühe.

Wo ich wirklich nicht mehr das ersetzen kann, was ich geschädigt oder vernachlässigt habe, muss ich dies *aus der Hand geben können*. Dort ist es wichtig, den Mut zu haben, diese Dinge in die Flamme der göttlichen Barmherzigkeit hineinzulegen und *im Vertrauen auf Seine Vergebung auch sich selbst zu vergeben*. Wenn meine alten Schulden die Pforte des Gebets (beziehungsweise des Sakraments) zu Gott hin durchschritten haben, wenn ich sie Seiner Barmherzigkeit vorgelegt habe und sie im Gespräch mit Ihm für mich *zur Erfahrung* geworden sind (die mir hilft, sie nicht leichtfertig zu wiederholen), dann *ist es ein Akt des Glaubens, sie für immer freizulassen*. Dann können und sollen sie für mich zur definitiven Vergangenheit, zu einer erlösten Vergangenheit werden, die Gott übergeben wurde, um die ich mich nicht mehr sorgen muss und soll. Und wenn aus dieser Vergangenheit, aus der noch zu heißen Asche der Erinnerungen weiterhin Schuldgefühle emporschlagen, die mich nicht mehr zur heilenden Demut führen, sondern meine Fähigkeit zur Freude, zur Freiheit und zum Tun des Guten lähmen, dann soll ich mit ihnen umgehen wie mit jeder anderen *Versuchung* auch: sie wie eine lästige Fliege verscheuchen oder sie wie einen bellenden Hund hinter dem Zaun eines fremden Gartens gar nicht beachten.

Es gibt Menschen, die nicht in der Lage sind, an die göttliche Barmherzigkeit zu glauben, die nicht in der Lage sind, sich selbst zu vergeben, die nicht in der Lage sind, sich von Schuldgefühlen zu befreien, die sich immer wieder mit neuen Bußakten peinigen, die überall die Sünde sehen, insbesondere dort, wo sie in Wirklichkeit nicht ist – die Skrupulanten, übertrieben vorsichtige und ängstliche Menschen.

Amadeo Cencini, Autor eindrücklicher Analysen von häufigen Problemen des geistlichen Lebens, sieht im Skrupulantentum einen Ausdruck von Narzissmus: »Wenn sich also der Skrupulant selbst beschuldigt, geschieht dies nicht aufgrund der Zartheit seines Gewissens, sondern wegen eines Befehls seines Ichs (oder Über-Ichs), das – in seinem Narzissmus beleidigt – sich rächt und sich wieder zu stabilisieren versucht, indem es sich verurteilt und auf alle möglichen Arten bestraft [...]. In dem allen ist immer ein Exhibitionismus enthalten und eine nie zu stillende Sehnsucht nach absoluter Vollkommenheit. [...] Der Skrupulant *erlebt die Vergebung einfach deshalb nie, weil er den wahren Charakter seiner Sünde nie zur Kenntnis genommen hat.* Er lebt in der Angst davor, dass er eine eigene Schuld entdecken könnte, und gesteht sich nicht ein, dass er wirklich ein Sünder ist; er sieht die Sünde gerade deshalb in Kleinigkeiten, um sich vor dem Gedanken zu schützen, dass er sich in den großen Dingen versündigt hat.«[11] Seine ständigen Zweifel und seine Selbstpeinigung kommen aus seinem narzisstischen Kreisen um das eigene Ich, das seine *wirkliche* Sünde ist, wobei er die Liebe Gottes übersieht und nie die befreiende und heilende Wahrheit erfährt, dass diese Liebe *größer ist als seine Sünde.*[12]

Wir sind zum Leben in der Wahrheit berufen – die Sünde, vor der wir uns wirklich in Acht nehmen sollten, ist sich selbst zu belügen.

*  *  *

Verwandelte Wunden

Ist aber die Klassifizierung der Schuld in Schulden »gegen sich selbst«, »gegen die Anderen« und »gegen Gott«, wie wir es aus den klassischen »Beichtspiegeln« kennen, und die ähnlich strikte Einteilung in begangene und erlittene Wunden nicht eigentlich eine künstliche Einteilung?

Der Mensch ist Mensch, sofern er Mensch mit den Anderen und für die Anderen ist. Es gibt keine »privaten Sünden«, die nur mich betreffen würden, aber in keiner Weise die Anderen, und alle meine Taten gegen die Anderen beschädigen gleichzeitig mich selbst tief. Die Deformierung meiner selbst in dem noch so verschlossenen Kämmerchen des privaten Lebens nimmt schließlich dem die Kraft und die Wahrhaftigkeit, was ich den Anderen schulde, dem, was ich für die Anderen und für die Welt sein soll. Gott – wie uns unser Glaube lehrt – hat jeden von uns als ein unersetzbares Original geschaffen, und das nicht nur etwa aus der bloßen Leidenschaft eines Schöpfers oder Sammlers von Kuriositäten, sondern deshalb – wenn ich hier die naiv anthropomorphe Sprache gebrauchen darf, vor der selbst die Bibel nicht zurückschreckt –, weil er gerade so jemanden für seine Welt *brauchte*, vor allem für die anderen Menschen. Wenn wir durch unsere Schuld diese einmalige Schöpfung Gottes und die mit ihr verbundene Absicht nicht pflegen, nicht entwickeln, ja sogar kaputtmachen, beschädigen wir dadurch nicht nur uns selbst, sondern tun auch den Anderen Unrecht und werden mit unserer Undankbarkeit und Begriffsstutzigkeit gegenüber unserem Schöpfer schuldig.

Wenn wir den Anderen Schaden zufügen, dann wird jede derartige Tat (und, wie Jesus lehrte, auch jedes Wort, unsere Gesinnung oder Absicht) – selbst wenn sie uns in den Konkurrenzkämpfen unserer Welt einen wie auch immer gearteten Gewinn bringen würde – gleichzeitig in uns selbst eingeschrieben. Auch wir sind Bestandteil jener »creatio continua«, jenes ewigen Prozesses der Schöpfung – auch wir beteiligen uns im Guten und im Bösen an der unabgeschlossenen Erschaffung der Welt und auch von *uns selbst* durch Gott, und wir erfüllen entweder schöpferisch die Absicht des Schöpfers oder versuchen, sie sinnlos und töricht kaputtzumachen. Jeder unserer Tage, jede unsere Tat, jedes Wort und jeder Gedanke gravieren ihre Spur in das Gefäß, das sich fortwährend auf der Scheibe des *einen Töpfers* dreht.

Nicht nur unsere Mitmenschlichkeit, sondern auch unsere Gemeinschaft mit Gott und unsere Beziehung zu ihm formt beständig unser Menschsein; dabei ist unsere Beziehung zu uns selbst, zu den Anderen und zu Gott vielfach und untrennbar verzahnt. Man kann daher genauso sagen: Der Mensch ist Mensch, sofern er Mensch mit Gott, vor Gott und für Gott ist.

Um Gottes Willen, wendet so mancher gleich ein: Halten Sie also *Atheisten* nicht für vollwertige Menschen?

Bei der Antwort auf diese Frage muss ich sorgfältig differenzieren. Ich bin überzeugt, dass die Mehrheit der Menschen, die sich als Atheisten bezeichnen, »nominelle Atheisten« sind – sie bezeichnen sich deshalb als Atheisten, weil sie jenes Geheimnis, dem sich der christliche Glaube öffnet, nicht Gott nennen. Trotzdem ist es offensichtlich (und sogar dort, wo es nicht offensichtlich ist, darf es vorausgesetzt werden), dass sie gegenüber diesem Geheimnis eine offene Beziehung haben, in manchen Fällen vielleicht sogar eine tiefgehendere als die vieler Christen. Die Beziehung zu

Gott dem Vater bezeugen wir nicht nur dadurch, dass wir ihn so nennen, sondern dadurch, dass wir uns den Anderen gegenüber wie zu unseren Brüdern und Schwestern verhalten. Die Beziehung zu Gott dem Schöpfer bezeugen wir nicht nur mit unseren Ansichten über die Entstehung der Welt, sondern wesentlicher durch unsere Beziehung zur Natur. Die Beziehung zum Geheimnis der Menschwerdung bezeugen wir nicht nur mit jenem Vers im Credo, den wir mit einer Verneigung beim Gottesdienst rezitieren, sondern vor allem dadurch, wie wir mit unserem eigenen Menschsein und dem Menschsein der anderen Menschen umgehen.

Neben diesen lediglich »nominellen Atheisten«, die in vielen Fällen (nicht nur in den gerade genannten) jenes *Geheimnis des Glaubens* in der Wirklichkeit leben, existieren auch wirklich *existenzielle Atheisten*, die durch die Missachtung gegenüber den Anderen, der Natur u. a. kundtun, dass sie wirklich »auf einer anderen Seite« stehen. Und ich muss sicher nicht hinzufügen, dass wir diese Art des wirklich gefährlichen *Atheismus* (der Gottlosigkeit) – der wirklich einen Defekt in unserem Menschsein bedeutet – nicht nur unter denen finden, die sich selbst für Ungläubige halten, sondern auch unter denen, die sich selbst für fromm und gläubig halten.

Kein Mensch hat das Recht, zu bestimmen, wer konkret in welche Kategorie gehört, auch deshalb nicht, weil dieses dramatische Ringen des Glaubens mit dem Unglauben im Herzen jedes Menschen abläuft, insofern er lebt. Erst dem Jüngsten Gericht Christi obliegt es, dem Menschen zu offenbaren, ob die Summe seines Lebens ihn »zu Seiner Rechten oder zu Seiner Linken« einreiht – und aus der Schilderung

dieser Szene des Evangeliums geht hervor, dass *alle überrascht sein werden.*[13]

\* \* \*

Im Zusammenhang mit der Buße haben wir von der Notwendigkeit gesprochen, bestimmte Tatsachen, die wir nicht
verändern können, *aus der Hand zu geben,* »*loszulassen*«.
Etwas Ähnliches gilt auch in Bezug auf andere schmerzliche
Wunden unseres Herzens: dem Erleiden eines großen Verlustes, insbesondere des Verlustes eines nahen Menschen.

Gewiss, der Verlust hat eine andere Form, wenn der Tod
uns einen geliebten Menschen genommen hat oder wenn
der andere selbst uns verlassen hat. Im zweiten Fall gesellt
sich zu unserer Trauer oft der Schmerz darüber, dass wir
verraten und betrogen wurden, und wir müssen damit
kämpfen, dass unsere Liebe nicht in Hass umschlägt und
wir statt zum Medikament der Vergebung zur giftigen
Droge der Sehnsucht nach Vergeltung greifen. Dessen unge-
achtet erleben wir oft bei *jedem* ernsten Verlust einen lang-
fristigen schmerzhaften Prozess, in dessen Verlauf wir in der
Regel Stadien durchlaufen, die von Psychologen gut be-
schrieben wurden: der Schock und die Ablehnung, das zu
glauben, die Mühe zu »verhandeln« und die törichte Sehnsucht, das schmerzhafte Ereignis irgendwie noch »abzuwen-
den« oder zu negieren; dann der innere Kampf, begleitet
manchmal von Gefühlen des Zorns und des Widerstands,
Momente der Resignation – schließlich aber der Frieden
der Versöhnung, die Annahme der Wirklichkeit. (Einige Autoren sprechen davon, dass Menschen, die die fatale Diag-

nose einer Krankheit erfahren haben und an der Schwelle des eigenen Todes stehen oder aber das Sterben eines nahen Menschen miterleben, ähnliche Stadien durchlaufen.)

In dieser Zeit der Prüfung und des Schmerzes – insbesondere angesichts des unabwendbaren Abschieds von einem verstorbenen Menschen – können die Riten der Kirche einen wichtigen Beitrag zur Heilung der Wunden leisten, ähnlich wie die Rituale, die in den Schatzkammern aller großen Religionen aufbewahrt werden (und manches Mal auch die Zeremonien, mit denen die säkulare Gesellschaft den Dienst der Kirche nachzuahmen und zu ersetzen versucht). Gerade wenn es uns nicht vergönnt war, alle Verwundungen in den Beziehungen mit unseren Nächsten zu ihren Lebzeiten zu heilen (und welche nahe Beziehung trägt keine solchen Narben?), macht es besonders Sinn, unsere innere Vergebung (oder die Bitte um die Vergebung) in der Abschiedszeremonie »zu ihnen zu senden«. Auch wenn in uns die Vorstellungen über ein »Weiterleben nach dem Tode« fast bis zur Unkenntlichkeit in Form eines matten, undeutlichen Fragezeichens ausgeblichen sind, sollten wir trotzdem, solange wir Gott wenigstens etwas ernst nehmen, die Hoffnung nicht aufgeben, dass das Tor, durch das unsere Verstorbenen gegangen sind, nicht ins »Nichts« führt. Auch wenn sie schließlich selbst aus unserem Gedächtnis entschwinden sollten, wird Gott in Ewigkeit wie ein Grund des Gedächtnisses sein, in dem jeder und alles für immer aufbewahrt bleiben.

In der Zeit der »*Trauerarbeit*« (wenn wir den Freud'schen Terminus hier entlehnen dürfen), jenem Zeitraum, den »überspringen«, umgehen, verdecken oder verdrängen zu wollen sich wirklich nicht lohnt, erleben wir manchmal, dass unsere Nächsten gerade dann, wenn sich ihre Lebensgeschichte geschlossen hat und sie nicht mehr vor uns und mit uns leben, um so wirklicher und tiefer »in uns« leben – und wir tragen das eine Stück wieder weiter, das sie für uns waren. Jedoch soll gerade die Trauerzeit eine Zeit und ein Mittel zur Heilung sein, und nicht zum Aufreißen alter Wunden. Es kommt die Zeit, dass wir unsere Verstorbenen wirklich »loslassen« müssen.

Auch hier spielt der Glaube eine unersetzbare Rolle: Er gibt uns den Mut und das Vertrauen, diesen Schritt zu tun, ohne dass wir uns fürchten müssen, dass wir damit unsere Verstorbenen verrieten oder undankbar ihnen gegenüber wären. Das Tor, durch das wir sie hindurchgehen lassen, ist nicht auf verhängnisvolle Weise verschlossen, und die Mauer, die uns von ihnen trennt, ist nicht undurchlässig. Sie sind nur für unsere Sinne und für jene Menschen unerreichbar, deren Welt an der Grenze der sinnlichen Erkenntnis endet. Uns sind jedoch drei Wege anvertraut, auf denen wir (wie der auferstandene Jesus) auch durch das verschlossene Tor des Todes in die durch nichts auflösbare Gemeinschaft hindurchgehen können. Es sind der Glaube, die Hoffnung und die Liebe, diese drei; und dasjenige, das den Verstorbenen am meisten zu leben ermöglicht, ist die Liebe.

\* \* \*

Wenn wir in der Lage sind, unsere Wunden wirklich anzunehmen – in der Kraft des Glaubens, im Vertrauen, dass Gott uns auch mit ihnen voll akzeptiert –, sind sie dadurch schon verwandelt. Es bedeutet nicht, dass sie für immer und notwendigerweise zu schmerzen aufhören müssen – auch alte Narben und Wunden des Körpers melden sich bei einem bestimmten Wetter wieder –, sie haben jedoch einen ganz anderen Platz in unserem Leben und unser Leben selbst ist jetzt voller, ganzheitlicher und reicher.

Ein altes tschechisches Osterlied sagt von den Wunden des auferstandenen Christus: Seine Wunden sind geheilt, sie strahlen wie kostbare Steine. Und die große Mystikerin des deutschen Mittelalters, die heilige Hildegard von Bingen, lehrte, dass sich auch unsere Wunden in Perlen verwandeln werden.

Anselm Grün schreibt dazu: »Die Verwandlung der eigenen Wunden in Perlen besteht für mich darin, dass ich meine Wunden als etwas Kostbares begreife. Dort, wo ich verwundet bin, dort bin ich empfindsamer für andere Menschen. Ich begreife sie besser. Und dort, wo ich verwundet bin, komme ich in Kontakt mit meinem eigenen Herzen, mit meinem wirklichen Sein. Ich verzichte auf die Illusion meiner Stärke, Gesundheit und Vollkommenheit. Ich werde mir meiner Zerbrechlichkeit bewusst und mit dieser Bewusstwerdung werde ich wirklicher, menschlicher, barmherziger und sensibler. In der Stelle meiner Verwundung befindet sich mein Schatz. Ich komme dort mit mir selbst und mit meiner Berufung in Berührung. Hier entdecke ich auch meine Fähigkeiten. Nur ein verwundeter Arzt kann heilen.«[14]

\* \* \*

Karl Rahner, einer der größten katholischen Theologen der Moderne, wurde zu der Zeit, als er theologischer Berater auf dem Zweiten Vatikanischen Konzil war, von einem spanischen Priester gebeten, er möge sich dafür einsetzen, dass das Konzil die Verehrung des Herzens Jesu entschieden unterstützt. Diese Verehrung hat im Verlauf einiger Jahrhunderte der späten Neuzeit – aus der Inspiration einiger Mystikerinnen heraus – in der Volksfrömmigkeit, in der Liturgie des Kirchenjahres und in den offiziellen Dokumenten der Päpste ständig an Bedeutung gewonnen; die Dokumente des Zweiten Vatikanischen Konzils erwähnen sie jedoch nicht einmal mit einem Wort. Vielleicht wird diese Art der Frömmigkeit zu einem Relikt der Vergangenheit werden wie das Gnadenbild des Prager Jesuleins in der verstaubten Kommode der Urgroßmutter, schreibt Rahner in einem Essay, zu dem ihn dieser Brief anregte. Es ist eines der schönsten Essays in dem gesamten Werk Rahners, er heißt: Der Mann mit dem durchbohrten Herzen[15].

Auch wenn diese Form der Verehrung in der Volksfrömmigkeit untergehen sollte, fährt Rahner fort, wird sie vielleicht zum Geheimnis der Spiritualität des Priesters des kommenden Zeitalters werden. Wie wird ein Priester von morgen sein? Er wird ein Mensch sein, der die schwere Finsternis des Daseins mit allen seinen Brüdern und Schwestern wahrhaft mitleidet; er wird ein Mensch sein, dem man vertrauen kann und auf den man sich verlassen kann. Der Priester von morgen wird nicht der sein, der Macht hat von der gesellschaftlichen Macht der Kirche her, sondern der den Mut hat, der Machtlose zu sein. »Der Priester von morgen wird der Mensch sein, dessen Beruf sich profan am wenigsten rechtfertigen kann, weil sein eigentlicher Erfolg immerfort in das Geheimnis Gottes hineinverschwindet und er gerade nicht der Psychotherapeut in der altmodischen Tracht des Magiers ist. […] Er wird gelassen Gott siegen lassen, wo er selbst unterliegt, er wird die Gnade Gottes noch am Werk sehen, wo er selbst mit seinem Wort und Sakrament sie nicht mehr so bringen kann […]; er wird die Macht der Gnade nicht mit den Zahlen der Konfessionsstatistik berechnen und dennoch sich selbst in Gottes Dienst und Sendung genommen wissen, auch wenn er davon überzeugt ist, dass Gottes Barmherzigkeit auch ohne ihn ihr Werk tun kann.« Der Priester von morgen, schließt Rahner, wird der Mensch mit dem durchbohrten Herzen sein: »durchbohrt von der Gottlosigkeit des Daseins, durchbohrt von der Torheit der Liebe, durchbohrt von Erfolglosigkeit, durchbohrt von der Erfahrung der eigenen Erbärmlichkeit und tiefen Fragwürdigkeit, glaubend, dass durch ein solches Herz allein die Kraft der Sendung vermittelt wird, alle Autorität des Amtes, alle objektive Gültigkeit des Wortes, alle Wirksamkeit […] der Sakramente sich nur umsetzen in das Ereignis des Heils durch die Gnade Gottes, wenn sie durch diese unsagbare Mitte eines durchbohrten Herzens vermittelt zum Menschen kommen.«

## Anmerkungen

[1] Lk 24, 39.
[2] Mönch der Ostkirche, a. a. O., S. 39.
[3] Vgl. Mt 5, 45.
[4] Halík, T., Nachtgedanken eines Beichtvaters. Glauben in Zeiten der Ungewissheit, Freiburg: Herder 2012 (tschech. Original: Noc zpovědníka. Paradoxy malé víry v postoptimistické době, Praha: Nakladatelství Lidové noviny 2005).

[5] Augustinus kommentierte so die Aussage des hl. Paulus, dass »Gott denen, die ihn lieben, alles zum Guten wirkt« (Röm 8, 28) – etiam peccata, auch die Sünden! In diese Richtung weist offensichtlich auch der bewusst provozierende (und bei vielen begreiflicherweise Anstoß erregende) Satz des ehemaligen Augustinermönchs Martin Luther: »Sündige tapfer!« Das Wissen um die Sünde kann den Menschen in Reue, Buße und Demut zum Geschenk der göttlichen Gnade hin öffnen; die, die sich für gerecht halten, öffnen sich hingegen diesem Geschenk in ihrer stolzen Verschlossenheit nie.

[6] Vgl. Gen 2, 7.

[7] Vgl. Ps 104, 29–30.

[8] Vgl. Gen 32, 23–33.

[9] Vgl. Ps 2, 4.

[10] Vgl. Gen 11, 3–5.

[11] Cencini, A., Život v usmíření, Praha: Paulinky 2008, S. 14–15.

[12] Vgl. 1 Joh 3, 19–20.

[13] Vgl. Mt 25, 31–46.

[14] Grün, A., in: Máš před sebou všechny mé cesty. Sborník k 60. narozeninám Tomáše Halíka (Offen liegen meine Wege vor dir. Festschrift zum 60. Geburtstag von Tomáš Halík), Praha: Nakladatelství Lidové noviny 2008, S. 107–108.

[15] Rahner, K., Der Mann mit dem durchbohrten Herzen. Herz-Jesu-Verehrung und künftiges priesterliches Dasein, in: Ders., Knechte Christi. Freiburg: Herder 1967. S. 117–133, hier: 124–126.

## 14. Die letzte Seligpreisung

Thomas glaubte, weil er gesehen hat. Er sah in Edelsteine verwandelte Wunden, er sah den überwundenen Schmerz, er sah, dass das Leid und der Tod nicht das letzte Wort haben. Deshalb kann er an das glauben, was das Herz des christlichen Glaubens ausmacht: an Gott, der sich in Christus zeigt, an die Auferstehung, an die Liebe, die stärker als der Tod ist. Aber was ist mit denen, die nichts Vergleichbares gesehen haben?

Nach Thomas kommen unzählige Menschen, die diese heilende Erfahrung nicht hatten, die nach der Nacht des Schmerzes nicht die Sonne aufgehen sahen, deren Wunden immer noch eitern und weh tun. Was können wir *denen* anbieten, *die nicht sahen*? Für sie ist die letzte Seligpreisung Jesu bestimmt.

\* \* \*

*Selig die Armen im Geist; denn ihnen gehört das Himmelreich.*
*Selig die Trauernden; denn sie werden getröstet werden.*
*Selig die Sanftmütigen; denn sie werden das Land erben.*
*Selig, die hungern und dürsten nach der Gerechtigkeit; denn sie werden satt werden.*
*Selig die Barmherzigen; denn sie werden Barmherzigkeit erlangen.*

*Selig, die ein reines Herz haben; denn sie werden Gott schauen.*

*Selig die Friedensstifter; denn sie werden Söhne Gottes heißen.*

*Selig, die verfolgt werden um der Gerechtigkeit willen; denn ihnen gehört das Himmelreich.*[1]

Wer würde nicht die acht Seligpreisungen kennen, diese feierliche Eröffnung der Bergpredigt Jesu! Am Ende des Evangeliums von Johannes, gerade in der Szene der Begegnung mit dem »ungläubigen Thomas«, fügt Jesus aber noch eine weitere und *letzte Seligpreisung* hinzu, als er zu dem Apostel sagt: »Weil du mich gesehen hast, glaubst du? *Selig sind, die nicht sehen und doch glauben.*«

Eine Reihe von Kommentatoren der Evangelien behaupten, dass die Seligpreisungen zu Beginn der Bergpredigt nicht »acht Typen von Menschen«, sondern acht Aspekte derselben Lebenshaltung eines Jüngers Jesu beschreiben. Jetzt kommt also dieser neunte Aspekt dazu.

Ist die letzte Seligpreisung nicht sogar der Schlüssel zum Verständnis der vorhergehenden – zumindest einiger von ihnen? Sind wir nicht *deshalb* arm, trauernd und nach der Gerechtigkeit dürstend – oder zumindest auch deshalb –, weil wir *nicht sahen* und bis heute nicht sehen? Und auch denen, die ein reines Herz haben, ist jene selige Schau (visio beatifica) bisher nur *verheißen*, auch sie sind noch nicht »sehend«. Jesus ist in diese Welt gekommen, »damit die Blinden sehend und die Sehenden blind werden«[2]. Und wenn die Pharisäer, die selbstsicheren »Besitzer der Wahrheit«, nach diesen Worten betroffen fragen: »Sind etwa auch wir blind?«, antwortet ihnen Jesus: »Wenn ihr blind wärt, so hättet ihr keine Sünde. Jetzt aber behauptet ihr: Wir sehen. Eure Sünde bleibt also bestehen.«[3]

In acht Seligpreisungen wendet Jesus unseren Blick prophetisch aus der Vergangenheit, in der wir nicht sahen, und aus der Gegenwart, in der wir bis heute nicht sehen, zur eschatologischen Zukunft des Reichs Gottes, wo wir Gott sehen werden, wo wir gesättigt und erfreut werden, wo wir die Barmherzigkeit erlangen usw. Zu der letzten Seligpreisung fügt er jedoch keine weitere Verheißung hinzu. Bedeutet dies vielleicht, dass die, die im Glauben den Zustand des »Nicht-Sehens« aushalten, bereits ihre Belohnung im Glauben selbst haben? Bedeutet es, dass der Glaube selbst diesen Zustand mit Sinn erfüllt, ihn verwandelt, ihm einen Wert und eine Tiefe verleiht, auch wenn er den nicht sehenden Augen noch nicht den Schleier des Geheimnisses abnimmt? »Glaube aber ist: Feststehen in dem, was man erhofft, Überzeugtsein von Dingen, die man nicht sieht.«[4]

Papst Benedikt XVI. weist in seiner Enzyklika *Spe salvi* nachdrücklich darauf hin, dass der Terminus *elenchos* (Überzeugung) in diesem Satz nicht nur eine subjektive Meinung des Gläubigen bedeutet, sondern einen »Beweis« (argumentum) darstellt: »Der Glaube ist nicht nur ein persönliches Ausgreifen nach Kommendem, noch ganz und gar Ausständigem; er gibt uns etwas. Er gibt uns schon jetzt etwas von der erwarteten Wirklichkeit, und diese gegenwärtige Wirklichkeit ist es, die uns ein ›Beweis‹ für das noch nicht zu Sehende wird. Er zieht Zukunft in Gegenwart herein, so dass sie nicht mehr das reine Noch-nicht ist. Dass es diese Zukunft gibt, ändert die Gegenwart; die Gegenwart wird vom Zukünftigen berührt, und so überschreitet sich Kommendes in Jetziges und Jetziges in Kommendes hinein.« Glaube aber ist: Feststehen (*hypostasis* / Substanz) in dem, was man erhofft. Das bedeutet, schreibt der Papst, dass »durch den Glauben anfanghaft, im Keim könnten wir sagen – also der ›Substanz‹ nach –, das schon da ist, worauf wir hoffen: das ganze, das wirkliche Leben. Und eben darum, weil die Sache selbst schon da ist, schafft diese Gegenwart des Kommenden auch Gewissheit: Dies Kommende ist noch nicht in der äußeren Welt zu sehen (es ›erscheint‹ nicht), aber dadurch, dass wir es in uns als beginnende und dynamische Wirklichkeit tragen, entsteht schon jetzt Einsicht.«[5]

Wichtig ist, dass der Papst in diesem bedeutenden Kommentar das Wort »Beweis« in Anführungszeichen setzt. Der Beweis ist hier weder ein mathematischer, naturwissenschaftlicher noch ein philosophischer, logischer Beweis, der Zweifel nicht zulassen und Einwände definitiv widerlegen würde; der Beweis, den wir der »ungläubigen Welt« geben können und sollen, ist »ein Bezeugen«, das Zeugnis des Lebens. Die »Wirklichkeit«, auf die sich der Glaube bezieht, wurde nämlich in unserer Welt noch nicht zur »Tat«, die ein für alle evidentes, einsehbares Faktum wäre – wir können nur durch unser Leben als Zeugen in sie Einblick geben. Wir sollen »Rechenschaft über die Hoffnung ablegen«[6].

Wie sollen wir das aber tun, wenn wir selbst zu denen gehören, »die nicht sahen«, und sogar gewarnt sind, dass wir uns nicht in die Rolle der »Sehenden« und »Wissenden« stellen sollen? Die Antwort lautet: Wir sollen nicht Rechenschaft über unser »Sehen«, über unsere »Meinungen« und Überzeugungen, sondern über unsere Hoffnung, über unseren Glauben und über unsere Liebe ablegen. Die sollen wir *beweisen* und erweisen, so dass in die dunklen Ecken der Welt mehr Licht eindringen kann.

\* \* \*

»Selig, die nicht sehen – *und doch* glauben.« Der wirkliche Glaube, der selige Glaube, hat immer den Charakter eines »Trotzdem-Glaubens«, eines »Dennoch-Glaubens« – des mutigen Schrittes der Hoffnung über die Grenze des Überprüfbaren und Begreifbaren hinaus.

Schon in der Szene, in der Jesus seine ersten Apostel beruft und sie auffordert, dass sie nach einer Nacht vergeblicher Mühe trotzdem wieder ihre Netze in den See auswerfen sollen, lautet das erste Glaubensbekenntnis des künftigen »Apostelfürsten« Petrus: Wir haben nichts gefangen, *doch* auf dein Wort will ich die Netze auswerfen![7]

*Das Vertrauen auf sein Wort* trägt die Hoffnung. Dieses Wort ist für uns heute das Wort der Zeugen, *durch dieses Wort sollen die Apostel selbst zu Zeugen werden*, wie Thomas, aber auch wie die, die nach ihm kommen, die, die nicht sehen – *und doch* glauben. Wenn unser Glaube in der Lage ist, diesen Salto des Vertrauens und des Mutes aus der »sichtbaren Welt«, die uns auf viele Weisen zum Unglauben und zum Misstrauen verführen kann, in die »unsichtbare Welt« zu tun, in den Schoß des Geheimnisses des verborgenen Sinnes der unbegreiflichen und unsichtbaren »Wirklichkeit«, so werden auch wir zu »Zeugen«. Auch unsere Wunden, verursacht durch schmerzhafte Zusammenstöße mit den Absurditäten der Welt, die Wunden des Unglaubens und des Misstrauens, die – unbehandelt und ungeheilt – zur Vergiftung unseres Herzens durch Verzweiflung, Zynismus und Resignation führen könnten, sind nun verwandelt.

Und *die verwandelte Wunde des Unglaubens* soll jetzt der Ort sein, den die Menschen, die den Auferstandenen nicht sahen und keine über den Schmerz triumphierende Macht erlebten, berühren können, um dasselbe zu erleben, was Thomas erlebte.

\* \* \*

Eine Sache ist jedoch wichtig hinzuzufügen. Jener *Salto des Glaubens*, die Konversion, die Bekehrung (egal ob es sich dabei um die Umkehr aus einem Zustand des »Unglaubens« oder eines formalen, nur »vererbten« Glaubens handelt), ist in der Regel kein Drama in einem Akt. Der Glaube, in dem immer nur »der Anfang« und »der Keim« dessen ist, worauf er sich bezieht, kann in unserer menschlichen Geschichte nie dauerhaft vor immer weiteren Windstößen des Unglaubens und des Zweifels geschützt sein. In der Welt begegnen wir doch so vielen Wunden, die uns immer wieder mit den schmerzhaften Fragen erfüllen, ob unser Vertrauen in einen Sinn nicht nur eine illusorische Projektion unseres Wünschens ist. Aus unserer Umgebung schaut uns manchmal das faszinierende Auge des Bösen an, das aus uns den Mut und die Hoffnung aussaugen will, ein anderes Mal wieder ein selbstgefälliger und ironischer Blick derer, die nichts mehr erwarten, weil sie in dem, was die Welt als Reichtum, Unterhaltung und Zerstreuung bietet, »schon ihre Belohnung haben« und dort, wo ihr Schatz ist, auch ihr Herz ist.

Die Welt und das Leben sind und werden immer ambivalent sein, voll von Paradoxien, genügend Gründe sowohl für den Glauben als auch für den Unglauben bietend – je nach unserer eigenen »Einstellung«. Es gibt *in ihnen* nichts, worauf wir unseren Glauben (der etwas anderes als nur »die Überzeugung von der Existenz Gottes« ist) definitiv stützen könnten.

Sofern der Glaube lebendig ist, wird er immer wieder verwundet werden, Krisen ausgesetzt sein, ja, manchmal auch »getötet« werden. Es gibt Momente, da unser Glaube (oder, freundlich gesagt, seine bisherige Gestalt) abstirbt – um wieder auferweckt werden zu können.

Ja, nur *der verwundete Glaube*, an dem die »Narben der Nägel« ersichtlich sind, ist glaubwürdig, nur er kann heilen. Ich befürchte, dass ein Glaube, der nicht die Nacht des Kreuzes durchschritten hat und nicht ins Herz getroffen wurde, nicht diese Macht hat.

Ein Glaube, der nie *blind wurde*, der die Dunkelheit nicht erlebte, kann kaum denen helfen, die nicht sahen und die nicht sehen. Die Religion der »Sehenden«, die pharisäische, sündhaft selbstsichere, *unverwundete* Religion gibt statt des Brotes einen Stein, statt des Glaubens eine Ideologie, statt des Zeugnisses eine Theorie, statt der Hilfe eine Belehrung, statt der Barmherzigkeit der Liebe nur Befehle und Verbote.

»Das Nicht-Sehen«, das ehrlich und demütig eingestandene Nicht-Sehen, eröffnet erst dem Glauben den Raum. Dem Glauben ist aufgegeben, *in diesem Nicht-Sehen zu verharren*. Er muss bis zum Ende darauf achten, dass der Raum des »Nicht-Sichtbaren« *leer, jedoch gleichzeitig offen* bleibt – wie der Tabernakel des Karsamstags in der Stunde der Verehrung der Wunden des Leibes und des Herzens Christi. Zu dieser wahrhaftig nicht einfachen Aufgabe braucht der Glaube auch die Hoffnung und die Liebe.

Die Eifersucht der Liebe erlaubt es nicht, *die Leere und die Reinheit* dieses Raumes mit beliebigen »Erscheinungen«, Illusionen oder Ersatzgötzen zu füllen. Die Geduld der Hoffnung erhält *die Offenheit* dieses Raumes – so dass der, der in ihn eingetreten ist, nicht in der Finsternis der Hoffnungslosigkeit ertrinkt, sondern schon durch den Strahl aus jenem Ort des Lichts gestärkt wird, auf das hin der Glaube ständig sich ausrichtet, in dessen Licht er jedoch noch nicht voll eintreten kann.

\* \* \*

»Wenn du wirklich alleine diese Portion aufisst, so wirst du die Sprache der Vögel verstehen«, sage ich anerkennend und mit ernstem Gesicht meiner kleinen Patentochter Niké, die überrascht auf den riesigen Teller schaut, den sie gerade im Restaurant vor sie gestellt haben. »Aber die verstehe ich doch schon ein bisschen«, lacht sie mich an. »Was sagen sie denn?«, will ich wissen. »Aber das kann man doch nicht in die menschliche Sprache übersetzen«, schüttelt sie den Kopf über meine – typisch erwachsene – Begriffsstutzigkeit.

Ja, die Sprache der Engel und Vögel, auch wenn wir sie hundertmal verstehen würden, kann man nicht ganz in unsere Sprache übersetzen, ebenso wenig wie die Sprache unseres Körpers. Berührungen haben ihre eigene Sprache, sie können auf alle Worte verzichten; das wissen alle zärtlichen

Liebhaber nur zu gut und genauso wissen es auch verletzte Soldaten und sterbende Menschen. Auch die meisten Sakramente werden mittels einer Berührung erteilt.

»Wer hat mich berührt?«, fragt Jesus, umgeben von einer neugierigen Menschenmenge. Und die Jünger langen sich respektlos an den Kopf: »Meister, die Volksscharen drängen und stoßen dich.« Aber für Jesus ist keine Berührung anonym; er erkennt gut die Berührung der Sehnsucht und des Vertrauens der Frau, die an Blutungen leidet.[8] Auch unsere Theologie kann höchstens »den Saum seines Gewandes« berühren; und sie wird ihre Leiden nur dann loswerden, wenn diese Berührung genügend ehrerbietig und gleichzeitig sehnsuchtsvoll und mutig ist. Gott zu berühren – das ist doch ein Widerspruch! Aber der, der durch das Geheimnis der Menschwerdung das Paradox der Paradoxe ist, lässt es zu, ermöglicht diese Berührung – vor allem, wie wir schon gesagt haben, »auf den Verbandplätzen der Welt«, und das nicht nur auf dem Verbandplatz der *körperlichen* Verwundungen. Dort können wir ihn berühren, dort können wir ihn wie das Brot beim eucharistischen Mahl in den Händen halten.

Unser Kontakt mit Christus oszilliert zwischen dem »Halte mich nicht fest!« (dem Wort zu Maria Magdalena) und dem »Reiche deinen Finger her!« (dem Wort zu Thomas). Wir dürfen ihn nicht berühren, wenn wir ihn auf dem Weg zum Vater aufhalten wollten, wenn wir ihn uns *aneignen* wollten. Wir dürfen und sollen ihn bei seiner Rückkehr berühren, bei seiner »zweiten Rückkehr«, die schon jetzt und hier in den »Geringsten« anfängt und in dem Augenblick ihren Höhepunkt erreicht, wenn seine bisher anonyme Anwesenheit in den Geringsten zur Evidenz wird: »Was immer ihr einem dieser meiner geringsten Brüder getan habt, das habt ihr *mir* getan.«

Ich bin schon zu alt, als dass ich die Sprache der Vögel verstünde. Ich bin bis heute zu wenig unbefangen und rein, als dass ich die Sprache der Engel verstehen könnte. Jedoch höre ich Seine Sprache in den Wunden der Welt, ich höre dort Sein Rufen und das Schlagen Seines Herzens: ich kann nicht nicht verstehen, ich kann nicht vortäuschen, taub zu sein. Und immer wieder – aber nie genug – lerne ich die Sprache der Berührungen, die auf Sein Rufen antworten würden, die Kunst ausreichend zarter Berührungen, damit sie an diesen empfindlichen Stellen Linderung bringen.

### Anmerkungen

[1] Mt 5, 3–10.
[2] Joh 9, 39.
[3] Joh 9, 40–41.
[4] Hebr 11, 1 (Einheitsübersetzung).
[5] Benedikt XVI., Enzyklika Spe salvi, 7.
[6] Vgl. 1 Petr 3, 15.
[7] Vgl. Lk 5, 5.
[8] Vgl. Lk 8, 43–48. Mehr zu dieser Bibelstelle siehe: Halík, T., Vzdáleným nablízku, a. a. O., S. 203–206.